Communiquer et convaincre dans un projet

Éditions d'Organisation
Groupe Eyrolles
61, bd Saint-Germain
75240 Paris cedex 05

www.editions-organisation.com
www.editions-eyrolles.com

© Groupe Eyrolles, 2008
ISBN : 978-2-212-54040-6

COLLECTION MODE PROJET

Ramez Cayatte

Communiquer et convaincre dans un projet

EYROLLES

Éditions d'Organisation

Sommaire

Introduction 9
    Autodiagnostic 12

Pratique n° 1
Réaliser un audit de communication 15
    Cartographie des acteurs du projet 18
    La guerre des clans 19
    Pour un audit de communication pertinent 21
    Les leçons de l'expérience 22
    Audit de communication du projet - Guide d'entretien 24

Pratique n° 2
Formaliser une stratégie et un plan de communication 25
    Les questions à se poser 28
    Le référentiel de communication 30
    Des actions de communication ciblées 31
    Les leçons de l'expérience 33
    Stratégie et plan de communication : format de référence 35

Pratique n° 3
Donner une identité au projet 37
    Le baptême du projet 40
    Le territoire de l'équipe projet 42
    Une équipe projet connue et reconnue 43
    Les leçons de l'expérience 44
    Mémento du baptême d'un projet 46

Pratique n° 4

Lancer le projet 47
La réunion d'officialisation de l'équipe projet 50
Le séminaire de lancement, un événement incontournable 52
L'annonce officielle dans les médias internes 54
Les leçons de l'expérience 55
Programme d'un séminaire de lancement d'une journée 58

Pratique n° 5

Mettre en place des relais de communication 61
Des évangélistes pour convaincre 63
Des « relexperts » pour rassurer 66
Des managers impliqués pour « porter » le projet 67
Les leçons de l'expérience 68
Mémento de l'évangéliste 71

Pratique n° 6

Animer les comités de pilotage 73
Pour un comité de pilotage efficace 76
De l'art d'impliquer les décideurs 77
Savoir faire prendre les décisions 79
Les leçons de l'expérience 80
Rôles et responsabilités : schéma de référence 82

Pratique n° 7

Diffuser un bulletin d'information périodique 83
Le comité de rédaction 86
Coup de projecteur sur les utilisateurs 87
Au plus près de la réalité 89
Les leçons de l'expérience 91
Structure d'un bulletin de projet 93

Pratique n° 8

Animer un club d'utilisateurs 95
Bienvenue au club ! 98
L'échange des bonnes pratiques 101
Enrichir le patrimoine d'expérience 102

© Groupe Eyrolles

Les leçons de l'expérience 104
Guide pratique de l'animateur 106

Pratique n° 9
Mesurer la satisfaction en fin de projet 107
L'enquête d'opinion auprès des utilisateurs 111
Les axes d'amélioration 113
Communiquer les résultats de l'enquête d'opinion 114
Les leçons de l'expérience 116
Enquête d'opinion utilisateur 118

Pratique n° 10
Tirer profit de l'expérience 119
L'heure du bilan 122
Communiquer le bilan 124
Le transfert des compétences 125
Les leçons de l'expérience 127
Bilan de projet 129

En guise de synthèse 131
Votre plan de progrès 133

Bibliographie 135

Introduction

Rendre visibles les projets

Tout projet est appelé, à des degrés divers, à modifier les habitudes des salariés, les procédures et les règles de gestion au sein de la société, la structure de l'entreprise, voire les métiers eux-mêmes. Les acteurs concernés sont conscients de ces futures transformations et les imaginent, en l'absence d'une communication adaptée. Or ces représentations peuvent être décalées par rapport à la réalité à venir, d'où un risque de déception possible. Par ailleurs, cette attente peut aussi être empreinte d'une inquiétude plus ou moins justifiée, et induire une « résistance » au changement.

Pour qu'un projet soit réussi, il faut que l'ensemble des protagonistes se l'approprie. Cela implique tout d'abord que les décideurs soient convaincus de l'opportunité que représente le projet et de sa faisabilité, et prêts à fournir les appuis et le financement requis. Par ailleurs, les utilisateurs doivent percevoir l'intérêt des changements induits par le projet, d'une manière générale et pour eux-mêmes, et juger favorablement le bilan d'ensemble (avantages et inconvénients).

Ce livre se propose de partager avec vous dix bonnes pratiques pour communiquer efficacement et convaincre dans un projet, du début à la fin. S'appuyant sur notre expérience, ces pratiques ont pour but de répondre à quelques questions simples, mais essentielles :

- Comment définir une stratégie et un plan de communication adaptés au projet ? Quels types d'argumentaire et de messages concevoir ? Sur qui s'appuyer pour démultiplier l'information afin qu'elle soit transmise de manière efficace ?

- Comment lancer le projet et mettre en place les relais et outils de communication nécessaires pour garantir une communication harmonieuse tout au long de l'aventure ?

- Comment surmonter les résistances des acteurs concernés, susciter leur motivation et emporter leur adhésion, en particulier lors des moments difficiles ?

Notre cadre de référence est un projet d'une certaine importance, concernant de nombreux utilisateurs et se déroulant sur plusieurs mois. Dans ce type de contexte et sur une telle durée, il est essentiel d'informer et de motiver pour convaincre.

Mission impossible pour le chef de projet et son équipe ? Certainement pas ! Quelques conseils éprouvés vous permettront de « baliser » la communication du projet et de vous préparer à faire face aux inévitables difficultés. Vous saurez alors les surmonter...

Comment se prémunir de l'« effet tunnel » ?

Il n'y a rien de pire en situation de changement que de ne pas savoir où l'on va. Que de projets sont lancés en fanfare, avec une débauche de communication promettant des lendemains radieux ! Deux ou trois actions de communication plus tard, c'est le silence radio... Les premières difficultés ont pris de court l'équipe projet et son responsable. N'ayant que des mauvaises nouvelles à annoncer (problèmes pour stabiliser l'expression des besoins, insuffisance des moyens alloués, défaillance d'un sous-traitant majeur...), tous s'abstiennent de communiquer, et la rumeur enfle !

Il faut donc s'astreindre à présenter les progrès réalisés au fur et à mesure du développement du projet, sans occulter les obstacles rencontrés, et surtout éviter deux écueils majeurs : l'optimisme invétéré et la langue de bois.

Une communication saine dans un projet repose sur quelques principes de base qu'il convient de respecter. Vous devez en effet :

- comprendre les attentes et les besoins des utilisateurs, percevoir leurs freins et leurs motivations par rapport au projet avant d'agir (la préparation compte pour 50 % du succès !) ;

- organiser des actions de communication à un rythme constant pour fournir une vue régulière de la progression du projet (tous les mois ou tous les deux mois au maximum) ;

- décrire la réalité telle qu'elle est – et non telle qu'elle sera ou devrait être –, en privilégiant les faits, les chiffres et les références ;

- employer un langage compréhensible par tous et étayer vos discours de témoignages et d'exemples ;

- donner la parole aux utilisateurs clés, vous appuyer sur les premières réalisations et partager le retour d'expérience.

Un projet n'est pas un long fleuve tranquille, mais plutôt une série continue de hauts et de bas, il est donc préférable de s'y préparer. Mieux vaut dire que les choses vont mal, le cas échéant, tout en précisant que les dysfonctionnements ont été identifiés, et que des actions sont mises en place pour y remédier. Comme le dit le proverbe : « Après la pluie, le beau temps ! »

Autodiagnostic

Indiquez dans le tableau suivant si vous réalisez les étapes mentionnées lorsque vous êtes en charge d'un projet.

		Toujours	Parfois	Jamais
1	Je sais qui est concerné par le projet et j'analyse les besoins et les attentes de chaque catégorie d'acteurs.			
2	Je formalise une stratégie et définis des actions de communication à entreprendre tout au long du projet.			
3	Je donne une identité au projet : il est baptisé d'un nom signifiant, et l'équipe chargée de le mener à bien est clairement identifiée et connue de tous.			
4	J'organise le lancement officiel du projet avec, comme temps fort, un séminaire qui réunit durant une à deux journées l'ensemble des acteurs concernés.			
5	Je mets en place des relais pour démultiplier l'information et convaincre du bien-fondé du projet.			
6	J'organise périodiquement des comités de pilotage durant lesquels des décisions sont prises selon l'avancement du projet.			
7	Je conçois et diffuse régulièrement un bulletin d'information qui présente la situation du projet à date, en évitant la langue de bois.			
8	J'anime un club d'utilisateurs afin de favoriser le retour d'expérience et le partage des bonnes pratiques pour la mise en place du projet.			
9	Avant la fin du projet, je réalise une enquête d'opinion auprès des utilisateurs sur la mise en œuvre du projet (sous toutes ses facettes).			
10	Une fois le projet terminé, je procède avec mon équipe à l'évaluation du projet et présente au sponsor un bilan sans concession, pour en tirer des leçons réutilisables.			

Comptez ensuite les points obtenus :
+ 5 points par réponse de type « Toujours »,
+ 2 points pour « Parfois » et
– 2 points pour « Jamais ».

Si vous avez au total :

-   entre 40 et 50 points, vous êtes normalement paré pour
    convaincre tous les acteurs concernés par le projet ;

-   entre 30 et 39 points, corrigez le tir le plus vite possible,
    vous pouvez encore y parvenir ;

-   moins de 30 points, remettez à plat la communication
    du projet… et repartez du bon pied.

Réaliser un audit de communication

De la même manière qu'il est recommandé, avant d'entamer une longue route dans un pays étranger, de repérer son chemin et d'identifier les haltes et les étapes, il est vivement conseillé de se lancer dans un projet en ayant défini les acteurs concernés et compris leurs attentes et leurs besoins.

Histoire vécue

Raphaël travaille dans une grande société de services en ingénierie informatique (SSII). À trente-quatre ans, il dirige une équipe de seize consultants spécialisés dans le domaine des infrastructures informatiques et des télécommunications.

L'entreprise qui l'a engagé dès son entrée sur le marché du travail, à l'issue de son école d'ingénieurs, s'est développée considérablement grâce aux rachats successifs de sociétés similaires de plus petite taille. C'est aujourd'hui un groupe de 1 200 personnes, qui a pignon sur rue.

Pour son premier poste de manager, Raphaël a réalisé un parcours sans faute depuis sa nomination, il y a trois ans et demi. Il a prouvé sa capacité à fédérer une équipe, même si celle-ci s'est modifiée au fil du temps avec l'arrivée de nouveaux entrants provenant des sociétés absorbées. Il a su également atteindre avec la régularité d'un métro-nome tous les objectifs professionnels qui lui ont été assignés, malgré une conjoncture difficile depuis deux ans.

Sa prochaine « étape professionnelle » est la direction d'un centre de profit, composé de trois à quatre unités comparables à celle qu'il anime actuellement. Il sait qu'il est pressenti pour de telles responsabilités, sans connaître le moment où elles lui seront confiées.

En ce début du mois de juillet, alors qu'il est en avance sur tous ses objectifs, son directeur général demande à le rencontrer, en compagnie de son manager. Serait-ce l'annonce de la nomination attendue ?

Pas vraiment... Il s'agit de prendre en charge un projet qui requiert un manager de bon niveau à temps plein pendant une période de six à neuf mois. Cela implique, bien évidemment, que Raphaël soit remplacé à son poste actuel, mais aussi qu'il prenne des responsabilités plus impor-tantes une fois la mission terminée. D'ici là, il reportera directement au directeur général, sponsor du projet.

L'objectif du projet est de doter le groupe d'un ensemble de valeurs partagées par tous afin d'« éclairer » l'action au quotidien, de lui donner du sens et de renforcer l'investissement des salariés dans l'entreprise. Il comporte trois phases :

*   avant fin septembre, la définition avec un petit groupe de managers des valeurs à privilégier et la réalisation d'une recommandation des-tinée au comité de direction, assortie d'un plan complet d'accompa-gnement du changement ;
*   avant fin octobre, la conception d'outils de formation (séminaire de sensibilisation d'une journée) et de communication (plaquettes internes et clients, présentations, agenda professionnel centré sur les valeurs), sachant qu'un budget significatif est disponible ;
*   avant fin mars (de l'année suivante), la transmission des valeurs à tous les managers afin qu'ils se les approprient, par le biais de sémi-naires de sensibilisation rassemblant à chaque fois une dizaine de participants. Ces derniers seront ensuite chargés, à leur tour, de répercuter les valeurs auprès de leurs équipes. Le chef de projet missionné est garant de la qualité du déploiement et du respect des échéances convenues.

À la fois légèrement déçu et un peu flatté, Raphaël accepte avec séré-nité cette nouvelle responsabilité et reçoit sa feuille de mission. Il ne lui reste plus qu'à informer son équipe et à nommer un remplaçant jusqu'à l'arrivée de son successeur. Il faut savoir se rendre disponible pour saisir les opportunités : la page est tournée !

Très vite, Raphaël constitue un groupe de réflexion transverse composé de quatre managers expérimentés, entrés dans l'entreprise en même temps que lui, qu'il apprécie pour leur créativité et leur implication au quotidien.

Trois réunions sont planifiées courant juillet. La première est destinée à préciser le périmètre du projet, ses objectifs, les livrables à produire et le planning. La deuxième est une session de créativité proprement dite pour définir les valeurs à proposer. La troisième a pour but de détailler le plan d'accompagnement du changement.

Pour se préparer, Raphaël consulte Internet *via* un moteur de recherche en saisissant les mots-clés « valeurs d'entreprise ». Il repère cinq valeurs principales revendiquées par la plupart des sociétés : innovation/progrès, intégrité/honnêteté/transparence, responsabilité, esprit/travail d'équipe, satisfaction clients. Avec ces informations en main, le reste de la réflexion est un jeu d'enfant. Après quelques échanges, le groupe détermine trois valeurs à décliner : l'esprit d'équipe, la rigueur et la transparence.

Début septembre, Raphaël et son équipe présentent au directeur général le résultat de leurs travaux, ainsi que les modalités de l'accompagnement du changement prévu. L'accueil de la direction est très favorable à une réserve près, ainsi formulée : « Avez-vous testé les valeurs proposées auprès d'un échantillon de notre population et, en particulier, auprès des collaborateurs des sociétés que nous avons accueillies ? »

Ce test n'ayant pas été effectué, il ne reste plus à l'équipe qu'à lancer un audit de communication dans les règles de l'art, avec l'aide d'un consultant spécialisé. L'audit est fort riche d'enseignement : deux des trois sociétés absorbées sont elles-mêmes dotées d'un corps de valeurs (naturellement différentes), et la troisième se montre franchement hostile au projet proposé, perçu comme une manipulation. Quant aux collaborateurs « d'origine », ils ne sont pas loin de partager le point de vue de la troisième société. L'équipe va prendre du retard par rapport au planning prévu, car tout est à repenser...

___ Les questions-clés _____

Raphaël est allé un peu vite en besogne. Il aurait dû se poser trois questions simples avant de lancer la réflexion avec l'équipe choisie :

?   Qui est concerné par le projet et quelles sont les attentes exprimées ?

?   Qui sont les alliés du projet, et ses opposants ?

?   Comment réaliser un audit de communication pertinent ?

Cartographie des acteurs du projet

Le premier travail à réaliser lorsque vous prenez en charge un projet est une cartographie exhaustive des acteurs, qui peuvent être :

- les utilisateurs finaux, ceux pour lesquels le projet a été conçu (par exemple les équipes commerciales s'il s'agit d'un nouveau système de rémunération et de commissionnement, ou les équipes techniques et comptables en usine pour un projet de gestion de production assistée par ordinateur) ;
- les managers des utilisateurs finaux, à la fois en tant que contributeurs au projet et en tant que relais privilégiés de l'information ;
- les leaders d'opinion (collaborateurs ou managers), qui doivent impérativement être identifiés comme tels, car leur appui sera précieux ;
- les partenaires sociaux de l'entreprise, en particulier si le projet a un impact significatif sur les conditions de travail des collaborateurs ;
- les clients et partenaires de l'entreprise, s'ils sont concernés par le projet (par exemple lors de la mise en place d'un système de gestion de la relation clients ou lors de l'instauration d'une certification pour les partenaires agréés) ;
- les fournisseurs et sous-traitants de l'entreprise, s'ils sont concernés par le projet (par exemple lors de la mise en œuvre d'une plateforme achats automatisée pour l'émission des appels d'offres et la sélection des fournisseurs) ;
- sans omettre la direction générale, en qualité de commanditaire de la plupart des grands projets, le sponsor désigné (souvent membre du comité de direction) et le comité de pilotage.

N'oubliez pas de tenir aussi compte de la dimension géographique (en France et à l'étranger) en fonction des différents lieux d'implantation.

Passons maintenant aux attentes exprimées : elles dépendent essentiellement de la nature du projet. Même s'il arrive qu'elles soient parfois explicites, elles sont le plus souvent tacites et pourraient se traduire de la manière suivante :

- Qu'ai-je à gagner dans ce projet et qu'ai-je à y perdre ?

- Mon poste de travail sera-t-il affecté ? Si oui, de quelle manière ?
- Pourrai-je m'adapter facilement aux nouvelles procédures et règles de gestion ?
- Mon métier évoluera-t-il ? Et si oui, dans quelle direction ?
- Saurai-je m'adapter à cette évolution ?
- Y aura-t-il un plan de formation et d'accompagnement pour faciliter ces changements ?
- Devrai-je changer de métier ou de lieu d'exercice ?
- Mon emploi est-il menacé ?
- Qui peut me renseigner de manière fiable ?

Ces questions sont autant de préoccupations légitimes qu'il convient d'identifier clairement et auxquelles vous devez apporter des réponses plausibles, l'incertitude étant la pire des situations.

La guerre des clans

Il est absolument nécessaire d'évaluer très tôt le point de vue des différentes catégories d'acteurs sur les enjeux du projet et sur sa mise en œuvre. Il s'agit ainsi :

- d'apprécier la position d'allié ou d'opposant de personnes ou de groupes cohérents face au projet ;
- d'estimer l'énergie qu'ils sont prêts à mobiliser pour soutenir sa réalisation ou au contraire s'y opposer.

Attention, la légitimité d'un projet ne l'empêche pas d'avoir des opposants. Le succès d'un projet dépend surtout du soutien et de l'organisation des « alliés », ce qui implique qu'ils s'approprient le projet en plus de leurs propres tâches quotidiennes.

Comment évaluer le nombre d'alliés et d'opposants ? Une première estimation de bon sens consiste à considérer que dans tout changement, il faut compter 10 à 15 % d'enthousiastes (ou d'alliés), 10 à 15 % d'opposants et 70 à 80 % de suiveurs. C'est une des applications de la loi de Gauss, qui a largement fait ses preuves.

Une approche plus nuancée[1] introduit, entre les alliés et les opposants, deux catégories d'acteurs : les déchirés et les indifférents (cf. schéma suivant).

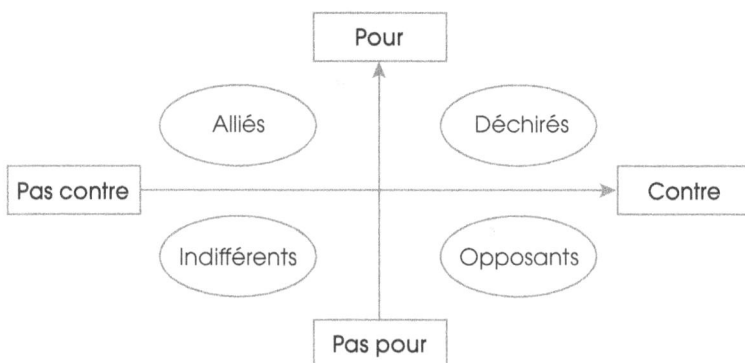

```
                        ┌──────┐
                        │ Pour │
                        └──────┘
                           ▲
              ╭───────╮    │    ╭──────────╮
              │ Alliés │   │    │ Déchirés │
              ╰───────╯    │    ╰──────────╯
  ┌───────────┐            │              ┌────────┐
  │ Pas contre│────────────┼─────────────▶│ Contre │
  └───────────┘            │              └────────┘
            ╭────────────╮ │  ╭───────────╮
            │ Indifférents│ │  │ Opposants │
            ╰────────────╯ │  ╰───────────╯
                        ┌─────────┐
                        │ Pas pour│
                        └─────────┘
```

Les avantages et les inconvénients du projet diffèrent selon les « clans » :

- les alliés ont beaucoup à gagner dans le changement et peu (ou rien) à y perdre ;
- les indifférents sont en retrait : ils n'ont rien à gagner ni à perdre dans le projet, ou seulement de façon minime ;
- les déchirés ont à la fois à y perdre et à y gagner ;
- les opposants pensent avoir beaucoup à y perdre (pouvoir, confort, temps, prestige…) et rien à y gagner.

Les **alliés** développent un très fort lien avec le projet, qu'ils approuvent sans retenue. Ils représentent un des facteurs clés du succès, car ils sont un soutien sans faille, y compris lors des moments difficiles. Impliquez-les, responsabilisez-les et appuyez-vous sur eux pour entraîner les indifférents et les déchirés.

Les **indifférents** ne s'engagent pas vraiment dans le projet et ne se l'approprient pas. Leur pouvoir essentiel consiste à ne rien faire – ou

---

1. Issue de *La sociodynamique* de J.-C. Fauvet paru aux Éditions d'Organisation en 1995.

à agir lentement. Le plus souvent, ils se tournent vers « le plus fort » par besoin de sécurité. Ils font partie de cette majorité silencieuse qui valide le projet.

Les **déchirés** se caractérisent à la fois par un certain enthousiasme face au projet et par un antagonisme équivalent (un élément s'oppose à leurs intérêts essentiels ou à leurs principes). Ils s'expriment avec implication, dans un sens ou dans l'autre. Ils constituent un enjeu décisif dans la conduite du changement, car leur influence sur les indifférents est importante.

Les **opposants** sont fondamentalement contre le projet parce qu'il va à l'encontre de leurs convictions professionnelles (ou parce qu'ils sont en opposition avec leur ligne hiérarchique). Ils sont prêts à dépenser de l'énergie pour le faire échouer ou le modifier profondément. Leur force réside souvent dans leur capacité à développer des tensions réelles au-delà de leur cercle de collègues. L'expérience montre qu'il est inutile et contre-productif de chercher à les convaincre. Consacrez-leur un minimum d'énergie et occupez-vous plutôt des indifférents et des déchirés, pour tenter de leur faire rejoindre le camp des alliés.

Pour un audit de communication pertinent

L'objectif poursuivi est de mesurer les perceptions et les attentes d'un échantillon représentatif d'utilisateurs par rapport aux thèmes suivants :

* les raisons d'être du projet et son image actuelle ;
* les motivations et les freins individuels par rapport au projet ;
* les changements attendus (au niveau de l'organisation ou des métiers) et leurs impacts sur le plan social ;
* les besoins en termes de communication, de formation (procédures et règles de gestion) et d'accompagnement.

La méthode recommandée est la suivante. Commencez par définir l'échantillon à auditer à partir de la cartographie des acteurs et de leur volumétrie. La taille de cet échantillon est variable selon les projets, mais ne saurait dépasser en tout état de cause la centaine de personnes. Élaborez alors un guide d'entretien semi-directif, propre au projet et adapté au contexte, comportant un nombre restreint de questions (vous en trouverez un exemple à la fin de cette pratique). Vous l'enrichirez avec le sponsor, qui le validera.

Conduisez cette étude en utilisant deux approches en parallèle :

- des entretiens individuels d'une heure et demie, principalement destinés aux managers ou aux leaders d'opinion (cible recommandée : dix à douze entretiens) ;
- des réunions de groupe (rassemblant huit à dix utilisateurs) de deux heures, pour permettre aux participants d'échanger entre eux sur le projet (cible recommandée : trois à cinq réunions).

Vous pouvez prévoir comme solution alternative une enquête par e-mail si l'organisation des réunions n'est pas possible ni souhaitable, mais sachez que le résultat obtenu est alors beaucoup moins intéressant.

Enfin, consolidez les réponses obtenues et analysez le verbatim (les termes exacts employés par les personnes interrogées). Assortissez alors les conclusions de l'audit de préconisations concernant la structure du plan de communication à mettre en œuvre. Vous pouvez ainsi proposer de privilégier les réunions d'équipe avec débats, de faire intervenir des membres de la DRH en cas de modification d'un métier, d'organiser le séminaire de lancement dans un lieu neutre en cas de projet de fusion-acquisition…

Une fois réalisé, l'audit devient le référent commun de tous les intervenants du plan de communication, qu'ils soient internes ou externes à l'entreprise. Il garantit ainsi la cohérence de l'ensemble.

Les leçons de l'expérience

La compréhension des besoins des principaux acteurs du projet est une phase primordiale. Il est donc nécessaire, avant même le lancement du projet, d'identifier clairement les acteurs concernés ainsi que leurs attentes. Apprenez aussi à repérer les alliés du projet et ses opposants, ainsi que les personnes indifférentes ou partagées. Enfin, réalisez un audit de communication afin de partir sur des bases saines et solides (n'hésitez pas à vous faire aider, en interne ou par un consultant extérieur).

Trois écueils à éviter

Identifier les besoins et les attentes des utilisateurs depuis son bureau

Plus vous serez éloigné du terrain, plus vous risquez de vous tromper et de sous-estimer les difficultés.

Se contenter d'une enquête sommaire, par téléphone ou par e-mail

S'il est souvent préférable d'aller à l'essentiel et d'être bref, faire l'économie des rencontres à ce stade n'est pas une bonne idée.

Passer trop rapidement sur l'analyse des résultats en se contentant de tendances

Un projet entraînant des changements significatifs n'est jamais à l'abri de perturbations fortes si aucune anticipation n'a été effectuée sur le plan social.

Trois conseils à méditer

Assurez-vous de l'adhésion du sponsor du projet à la démarche d'audit

Sans son soutien explicite, qu'il confirmera lui-même au management concerné, votre audit de communication est voué à l'échec.

Consacrez suffisamment de temps à la préparation de l'audit pour en gagner par la suite

Nous faisons généralement l'inverse, en nous lançant trop vite dans la réalisation de l'audit. La phase de préparation est pourtant essentielle.

Identifiez la personne compétente qui conduira l'audit et vérifiez sa disponibilité

Ne sous-estimez pas les difficultés dues aux ressources internes trop occupées au dernier moment ou aux prestataires débutants !

Audit de communication du projet - Guide d'entretien

Interviewé(s) : .... Date : ....

Introduction

Présentation de l'intervenant et description synthétique du projet

Définition des modalités de l'entretien ou de la réunion

Précisions sur l'utilisation des données recueillies et sur la restitution des résultats

Thème 1 : Quelle est votre perception du projet ?

D'après vous, quelles sont les raisons d'être de ce projet ?

Quelle image en avez-vous aujourd'hui, et pourquoi ?

Pour vous, quelles sont les contraintes d'un tel projet et quelles opportunités offre-t-il ?

Thème 2 : Quels sont les changements induits par le projet ?

Quelles seront selon vous les modifications en termes d'organisation ou de redéfinition des procédures et des règles de gestion apportées par le projet ?

Quelles seront selon vous les modifications en termes d'évolution de votre métier apportées par le projet ?

Quel type d'impact pensez-vous que le projet aura sur votre poste de travail au quotidien ?

Thème 3 : Quels sont vos besoins et vos attentes ?

En matière de communication

En matière de formation

En matière d'accompagnement

Conclusion (10 minutes)

Annonce de la suite :

- analyse des entretiens ;
- restitution synthétique de l'ensemble ;
- définition d'un plan d'accompagnement.

Formaliser une stratégie
et un plan de communication

La communication fait partie de l'« hygiène de vie » d'un projet. Formaliser une stratégie et un plan de communication avant de lancer officiellement un projet est donc une règle essentielle. Ce n'est qu'après l'approbation par le sponsor de ces éléments que vous pourrez aller plus loin.

Histoire vécue

Damien travaille dans une banque régionale presque centenaire, en qualité de responsable d'une agence moyenne, dans une ville du centre de la France. La banque s'est développée au fil du temps en absorbant d'autres établissements bancaires régionaux. Aujourd'hui filiale d'un grand groupe national, elle conserve toutefois son identité et une gestion autonome.

Un seuil significatif vient d'être franchi à l'occasion de la dernière acquisition. C'est le moment choisi par la direction générale pour lancer un projet qui mature depuis quelques mois déjà : il s'agit de donner le même visage aux différentes agences disséminées dans toute la région.

Les décisions prises après de longs débats, mais finalement dans le consensus, sont les suivantes :

- le nom historique de la banque fédératrice et son logo associé seront étendus à tous les établissements ;
- tous les documents (en-têtes de lettres et chéquiers) et tous les outils de communication (le site Web en particulier) seront porteurs de la nouvelle identité ;
- toutes les agences seront réaménagées selon un schéma type de référence, en particulier pour le *front office*, aire d'accueil de la clientèle. Les transformations prévues concernent à la fois l'architecture interne, la disposition des bureaux d'accueil (avec la suppression des comptoirs jugés désuets) et la décoration (sobre mais accueillante, elle sera le résultat d'un heureux mariage d'acajou et de beige clair).

L'ensemble de ces informations est communiqué à tout le personnel lors du séminaire de début d'année, après consultation des partenaires sociaux. Il reste à nommer un chef de projet, issu de la population concernée. Ce dernier sera chargé de piloter la rénovation des deux sites pilotes choisis (pour le 30 septembre au plus tard), puis celle de toutes les agences (avant la fin du troisième trimestre de l'année suivante).

Damien est désigné comme chef de projet. Il doit quitter son poste pour cette affectation temporaire de dix-huit mois avant d'être promu à de plus grandes responsabilités (si le projet a été conduit dans les règles de l'art, et si les managers et les collaborateurs concernés sont satisfaits). Cette mission représente pour lui un vrai challenge, à la hauteur de ses ambitions, et il l'accepte sans se faire prier.

Damien est un individu posé, réfléchi et rigoureux. À quarante-deux ans, il a réalisé un parcours remarquable, gravissant successivement tous les échelons sans commettre d'erreur d'aucune sorte. Objectif et doté d'un esprit analytique, il aime connaître les tenants et les aboutissants de chaque dossier sur lequel il doit intervenir, et s'intéresse aux moindres détails avant de prendre une décision. Méthodique et fiable, il a le profil type du bon coordinateur.

Dès sa nomination, il prend le temps d'étudier en profondeur le projet d'agencement retenu pour comprendre les choix effectués et évaluer les risques de dérapage. Il se rend alors sur les sites pilotes en compagnie des prestataires sélectionnés pour tenter de savoir si les travaux pourront être terminés dans les délais prescrits.

Puis il constitue un panel restreint de six responsables d'agence (cet échantillon est représentatif des différentes tailles d'agence et cultures de provenance), dont les responsables des deux agences pilotes.

Il organise alors une première réunion de travail, consacrée à la présentation détaillée du projet et aux modalités de la transition (pendant la durée des travaux) sur chacun des deux sites. Tout naturellement, le débat porte sur l'information à prévoir pour les collaborateurs des deux agences, puis pour l'ensemble du personnel. Les participants se partagent alors en deux « camps » de même taille :

• le premier groupe, qui comprend le responsable de la plus petite agence pilote, est partisan d'une très large communication : plaquette, maquette de la future agence et panneaux d'information, espace dédié sur l'Intranet de la société avec forum et bulletin d'information bimestriel ;

• le second groupe, qui comprend le responsable de l'autre agence pilote, préconise « de se hâter avec lenteur » et de ne communiquer qu'à bon escient le moment venu, c'est-à-dire un mois avant la réception des travaux, lorsque la date d'achèvement sera certaine.

Les arguments avancés de part et d'autre relèvent du bon sens, mais Damien doit prendre position. Sa tendance naturelle l'incline à adopter la solution du second groupe. Il sait par expérience que ce type de travaux a tendance à déraper : les multiples corps d'état qui interviennent en sous-traitance sont difficiles à coordonner, et les aléas sont le lot commun de tout chantier de bâtiment.

« Mieux vaut attendre la fin du mois de juin - à trois mois de la livraison - pour communiquer sur les pilotes et organiser des réunions de présentation aux collaborateurs concernés, dit-il pour conclure le débat. En effet, quand on fait une promesse, il faut être sûr de la tenir. Après la réception du premier site, nous définirons une stratégie et un plan de communication pour l'ensemble de la société. »

Le *black-out* est alors décidé et mis en œuvre. Cependant, les rumeurs commencent à se répandre insidieusement, alimentées par l'absence d'information : « Le nombre de mètres carrés utiles par collaborateur va être réduit de moitié », « La réorganisation du *front office* va supprimer un poste de travail sur trois », « De nouvelles procédures et règles de gestion seront mises en place pour accroître la productivité d'ensemble »...

Damien doit rétablir d'urgence la situation : il se lance dans une communication de crise, en mobilisant les managers intermédiaires qui avaient été jusque-là ignorés (ils n'étaient pourtant pas les moins demandeurs

d'informations). Le retour au calme se fait au prix de nombreuses difficultés, les rumeurs s'étant amplifiées et étendues à toute l'entreprise
en un rien de temps.

___ **Les questions-clés** ___

Damien n'a pas jugé bon de communiquer au fur et à mesure de
l'avancement du projet, croyant faire ainsi preuve de prudence. Il aurait
mieux fait de se demander, avant de lancer la réflexion avec son
équipe :

?   Quelle stratégie de communication choisir pour être efficace ?

?   Quels types d'arguments et de messages retenir ?

?   Quelles actions de communication mettre en œuvre ?

Les questions à se poser

Une stratégie de communication s'avère nécessaire pour tout projet
significatif (d'une durée d'un an et plus), qui concerne plusieurs
catégories d'acteurs dont les attentes et les besoins sont spécifiques
(*a fortiori* si ces acteurs sont disséminés dans des lieux différents).

Voici les éléments à prendre en compte :

• **Quel est le contexte du projet** ? Analysez la situation actuelle.
  Quels sont les enjeux, liés au projet : constitue-t-il une évolution
  ou une révolution ? Quels sont les objectifs visés ? L'intérêt et la
  faisabilité du projet ont-ils été validés ? Les risques ont-ils été
  identifiés et évalués ? La direction s'implique-t-elle ? Les ressources allouées sont-elles suffisantes et disponibles ?

• **Quel est le but recherché** ? Vous devez savoir pourquoi vous sou-
  haitez communiquer avec les utilisateurs du projet. S'agit-il de les
  rassurer sur la facilité de mise en œuvre des changements prévus,
  de leur faire comprendre la nécessité de remettre en cause l'existant
  ou d'encourager l'innovation ? Il va de soi qu'il est impossible de
  tout faire. Dans la mesure du possible, contentez-vous d'énoncer
  un nombre limité d'objectifs viables (trois à cinq au maximum).

• **Que voulez-vous transmettre au juste comme informations ?**
  Les meilleurs messages sont courts et simples : « une méthode

simple, adaptée à notre société », « remettre en cause l'existant pour réussir notre évolution », « innover aujourd'hui pour réussir demain »…

- **Qui cherchez-vous à approcher ?** Auprès de qui devez-vous communiquer (les cibles de communication) ? Combien de personnes sont concernées (volumétrie) et où se trouvent-elles (topographie) ? Distinguez dans cette évaluation les différents types de cible : utilisateurs finaux, managers concernés, leaders d'opinion, partenaires sociaux, clients et partenaires, fournisseurs et sous-traitants… Cette vue qualitative et quantitative est indispensable pour choisir les actions de communication à réaliser.

- **Comment entendez-vous diffuser votre message ?** Quels activités ou médias retenir, et quels types d'action privilégier ? Vous avez en effet le choix entre de nombreuses solutions : des réunions d'information, des ateliers de travail en petits groupes transverses, une plaquette d'information, des démonstrations ou une maquette, des articles dans les médias de l'entreprise, un bulletin de projet périodique, un Intranet, un forum de discussion…

- **Quelles sont les ressources disponibles ?** La stratégie de communication dépend évidemment des intervenants internes et externes requis et du budget alloué à la communication. Il est essentiel de connaître à l'avance les montants qui pourront être consacrés à l'ensemble des actions de communication.

La stratégie de communication doit comprendre un plan d'actions avec un calendrier précis, le nom de la personne qui s'en occupera et ce que cela coûtera, ainsi qu'un référentiel de communication (voir ci-dessous). Pour qu'elle soit opérante, donnez-vous pour devise de prendre du plaisir à la mettre en œuvre et faites preuve d'imagination. Plus vous serez passionné par le projet, plus vous réussirez à éveiller l'intérêt de vos cibles.

Afin de savoir si la stratégie mise en place fonctionne, effectuez des tests périodiques auprès des différentes cibles de communication. Vous pouvez aussi étudier les questions/réponses qui s'échangent sur le forum (s'il existe). Enfin, une enquête de satisfaction auprès d'un échantillon significatif d'utilisateurs finaux et de managers est riche d'enseignements.

Le référentiel de communication

Pour créer un référentiel de communication, repartez des freins, leviers et attentes identifiés pour chaque cible de communication. Dans le cas de Damien, vous pourriez aboutir à l'analyse présentée dans le tableau suivant.

		Freins perçus	Leviers perçus	Attentes perçues
Cible de communication	**Dirigeants**	Moins de m², plus de bureaux paysagers → moins d'intimité Risque de mécontentement lié à l'inconfort de la situation provisoire	Image commune et valorisante → cohérence Optimisation des surfaces → économies significatives	Besoin d'information et de communication Envie d'associer certains professionnels à l'adaptation locale du plan de référence
	Managers	Désagréments causés aux clients pendant les travaux Risque de perte de revenus	Renforcement de la notoriété dans la région Nouvelle identité, nouveau logo, nouveau site web	Valorisation des métiers du *front office* Besoin d'information et de communication
	Collaborateurs	Doutes sur la finalité réelle du réaménagement Craintes sur l'emploi Réduction de la surface utile par collaborateur	Responsabilités plus importantes au niveau du front office Meilleure ergonomie, meilleur confort visuel	Nécessité d'engagements clairs sur le maintien des postes Besoin d'accompagnement du changement (formation)

Établi sur des bases ainsi définies, le référentiel de la communication est la « bible » de la communication autour du projet. Il comporte : une présentation du projet, les arguments justifiant sa réalisation et un glossaire des mots-clés.

La présentation du projet doit être simple et cohérente, elle précise notamment :

- de quoi il s'agit (nature et type de projet, objectifs et priorités) ;
- pour quelles raisons le projet existe (enjeux et finalité) ;

- qui sont les personnes concernées (catégories d'acteurs) ;
- où le projet va se dérouler (implantations géographiques) ;
- quand il va avoir lieu (dates de fin du développement, du lancement du pilote et du déploiement) ;
- comment il va se dérouler (phases de préparation, de développement et de mise en service, étapes à l'intérieur de chacune de ces phases et livrables associés – sans oublier l'identification des risques) ;
- combien il va coûter et quels sont les gains attendus.

Les arguments en faveur du projet découlent des attentes identifiées par catégorie d'acteurs (points de vue individuels) et de manière globale (point de vue de l'entreprise). En effet, les bénéfices d'un projet doivent toujours être répartis à la fois entre les utilisateurs, pour qui le projet est prévu, et l'entreprise. À titre d'exemple, la réalisation d'un projet de déménagement des bureaux doit comporter des avantages à la fois pour les collaborateurs en termes de confort (postes de travail plus ergonomiques) et pour l'entreprise en termes d'économies d'échelle (optimisation des surfaces et des coûts d'entretien, en particulier dans un bâtiment moderne).

Un glossaire du projet recense les mots-clés avec des définitions claires et partagées par les différents acteurs, de manière à établir un langage commun. Le choix des termes et leur définition sont réalisés au cours de l'audit de communication, puis consolidés et finalisés avec l'équipe projet.

Des actions de communication ciblées

De très nombreuses actions de communication peuvent être employées avec succès pour renforcer la motivation des acteurs concernés. Est-ce à dire qu'il faut toutes les utiliser pour convaincre du bien-fondé du projet ? Il arrive que cela soit nécessaire pour les projets se déroulant sur deux ou trois ans. Toutefois, de manière générale, mieux vaut se contenter d'un nombre limité d'actions ciblées en fonction de la nature du projet et des personnes impliquées. À ce titre, on distingue deux grandes catégories d'actions de communication : celles qui impliquent les acteurs et celles qui les sollicitent. Les actions en gras dans les listes ci-dessous sont fortement recommandées.

Impliquer sa cible

Les actions qui impliquent leur cible réunissent les différentes catégories d'acteurs autour d'un thème prédéfini et sont l'occasion d'échanger et de réfléchir ou de travailler en commun. Trois sortes d'action peuvent être distinguées :

- les réunions « statutaires », qui sont obligatoires dans tout type de projet quelle que soit sa nature :
  - le **séminaire de lancement** (cf. pratique n° 4),
  - le **comité de pilotage**, en général mensuel pour un projet de quelques mois (cf. pratique n° 6),
  - la **réunion de fin de projet et de bilan** (cf. pratique n° 10) ;
- les réunions « optionnelles », même si leur intérêt n'est plus à démontrer :
  - les réunions d'information organisées et animées par les managers tout au long du projet,
  - les ateliers de travail souvent prévus en début de projet pour définir avec des utilisateurs-clés[1] les nouvelles procédures et règles de gestion à mettre en œuvre,
  - les réunions du **club d'utilisateurs** (cf. pratique n° 8). Ce dernier s'appuie sur les pilotes installés pour partager l'expérience vécue afin de faciliter le déploiement sur les autres sites. Une fois le projet terminé, il anime le processus d'amélioration continue ;
- les actions « individuelles », comme les forums de discussion ou l'**enquête de satisfaction** réalisée auprès des utilisateurs en fin de projet (cf. pratique n° 9).

---

1. Par utilisateur-clé, nous entendons un représentant expérimenté dans chacun des métiers concernés par le projet. Ses missions sont de participer à l'analyse détaillée du projet, de définir les nouveaux processus et règles de gestion le cas échéant, de participer à la recette du projet et, souvent, d'assurer la formation des utilisateurs finaux.

Solliciter sa cible

Les actions qui sollicitent leur cible viennent en appui de celles citées ci-dessus, pour relayer et diffuser l'information sur le déroulement du projet, *via* des supports papier ou électroniques. Les principales actions possibles sont :

- la plaquette d'information descriptive du projet, au format A4 ou A3, composée d'une page ou d'une double page recto verso, généralement en quadrichromie ;
- les articles dans les médias de l'entreprise, généralement sous la forme de reportages sur un des sites concernés et d'interviews d'acteurs représentatifs du projet ;
- un espace dédié sur l'Intranet de l'entreprise et, plus rarement, un clip vidéo réalisé lors d'un événement marquant lié au projet ;
- le **bulletin périodique de projet** (cf. pratique n° 7), qui peut aussi être considéré comme un outil de communication statutaire, en particulier lorsque le projet dure plusieurs mois.

Un choix judicieux parmi toutes ces actions de communication doit être opéré. Évitez cependant de tomber dans deux travers opposés : la « sur-communication » (le mieux est l'ennemi du bien) et la « sous-communication » (elle risque de donner prise aux rumeurs).

Les leçons de l'expérience

La stratégie de communication est établie en fonction de la cartographie des acteurs concernés et de l'audit réalisé. Elle se traduit par un plan d'actions de communication (avec une proposition de budget et un calendrier précis) et un référentiel de communication (présentation du projet, arguments en sa faveur et glossaire). Il faut donc définir un nombre limité d'actions pertinentes à entreprendre, qui impliquent et sollicitent les différents types d'acteurs dans la durée.

Trois écueils à éviter

Définir une stratégie de communication déconnectée du contexte

Plus la communication est stéréotypée, moins elle sera convaincante.

S'appuyer sur des arguments qui parlent à la raison au détriment du cœur

L'utilisateur du projet est souvent réticent au changement, sachez faire appel intelligemment à ses sentiments.

Privilégier la forme des actions de communication au détriment du fond

Ce n'est pas avec une brochure de dix pages en couleurs que vous obtiendrez l'adhésion des utilisateurs : mieux vaut les impliquer !

Trois conseils à méditer

Organisez des réunions durant lesquelles différents types d'acteurs peuvent s'exprimer

C'est le débat qui permet l'appropriation du projet, en rendant les participants plus actifs.

Proposez la création d'un club d'utilisateurs dès la validation du pilote

Le partage de l'expérience et des bonnes pratiques facilitera le déroulement du projet en mettant en valeur les premières contributions.

Définissez un plan d'actions et un budget raisonnables

Méfiez-vous des propositions disproportionnées de certains conseillers : il faut savoir raison garder !

Stratégie et plan de communication : format de référence

Voici les tableaux à établir pour bâtir une stratégie et un plan de communication cohérents.

Cartographie et volumétrie des acteurs du projet

		Lieu				
		Lieu A	Lieu B	Lieu C	...	Total
Acteurs	Utilisateurs					
	Managers					
	Leaders d'opinion					
	...					
	Total					

Analyse par cible de communication

		Freins	Leviers	Attentes
Cibles	Utilisateurs			
	Managers			
	Leaders d'opinion			
	...			
Messages-clés				

Calendrier des actions de communication prévues

		1er trimestre	2e trimestre	3e trimestre	4e trimestre
Action	Séminaire				
	Intranet/ Forum				
	Bulletin				
	…				

Budget de communication prévu

		1er trimestre	2e trimestre	3e trimestre	4e trimestre
Action	Séminaire				
	Intranet/ Forum				
	Bulletin				
	…				
	Total				

Donner une identité au projet

Une fois la stratégie et le plan de communication définis, il est temps de donner une véritable identité au projet, c'est-à-dire de le rendre visible pour faciliter le travail de sensibilisation et de motivation de toutes les personnes concernées. L'identité d'un projet repose sur trois éléments essentiels : un nom, une base territoriale et une équipe connue et reconnue.

Histoire vécue

Manuel travaille dans une entreprise de transports internationaux renommée, qui gère une flotte de 1 750 camions desservant tous les pays européens. Basé dans une zone industrielle près d'un aéroport international, le service logistique effectue :
- l'établissement des documents d'expédition et de douane, le cas échéant ;
- l'obtention des devises pour les pays en dehors de la zone euro ;
- l'ordonnancement et le suivi des tournées de livraison ;
- l'optimisation de l'utilisation de la flotte de véhicules ;
- l'assistance en cas d'incident ou d'accident survenu en cours de livraison ;
- la centralisation des temps d'activité et de repos des chauffeurs ;
- l'entretien et la réparation des véhicules.

Âgé de cinquante et un ans, Manuel est un ancien sous-officier d'active qui a longuement servi dans les unités de génie, avant de rejoindre l'entreprise comme chef de l'atelier de réparation. Son expérience de la maintenance et de la gestion d'un parc de véhicules et son sens du commandement lui ont permis de se voir confier rapidement d'importantes responsabilités. Il vient d'être promu directeur de la logistique, en remplacement de son ancien patron qui part à la retraite.

Déterminé, Manuel va toujours de l'avant et sait prendre des risques calculés. Dur avec les autres comme avec lui-même, il peut être qualifié de « bourreau de travail ». Il est toujours prêt à relever de nouveaux défis, pour autant qu'on lui en donne les moyens. Après trois mois dans ses nouvelles fonctions, le voilà confronté à un challenge : il doit définir le cahier des charges et l'étude de faisabilité d'un système de repérage par géolocalisation et de suivi des véhicules, qui repose sur le GPS[1] (Global Positioning System).

Les objectifs de ce système, provisoirement désigné par ses initiales (SRGSV) pour des raisons de confidentialité, sont les suivants :
• une sécurisation accrue pour les chauffeurs de véhicules, qui pourront être en liaison permanente avec le service logistique afin de disposer d'une assistance rapide quel que soit le type d'incident rencontré ;
• un meilleur service rendu aux clients, qui pourront obtenir en temps réel des informations sur la situation de leurs marchandises, avec un délai prévisionnel d'arrivée au point de livraison ;
• un contrôle du trajet réellement effectué (par rapport au trajet de référence défini lors de la confirmation de la commande client), et des heures passées par les conducteurs en déplacement pour l'entreprise, afin de limiter les abus (le tout est géré de manière informatisée).

Après s'être documenté sur une solution similaire mise en place chez un confrère, Manuel constitue un petit groupe de travail transverse, qui détermine les actions à réaliser dans les trois mois :
• recueil des attentes et des besoins des membres du comité de direction, mais aussi des responsables et des utilisateurs-clés des services concernés par le projet ;

---

1. Système de radiorepérage qui détermine la position d'un véhicule ou d'un appareil mobile en se servant d'une constellation de satellites placés en orbite autour de la Terre.

- pré-étude des systèmes disponibles, pour les équipements comme pour le traitement des informations (faut-il utiliser les ressources internes ou sous-traiter le suivi des véhicules ?) ;
- élaboration d'un cahier des charges validé par un panel constitué des utilisateurs-clés et de leurs managers.

Comme la décision de lancer ou non le projet dépend de ce travail préliminaire, il est convenu de ne pas solliciter pour l'instant l'avis des chauffeurs. De même, les réunions se dérouleront au siège de l'entreprise, situé dans un quartier d'affaires à l'ouest de la capitale, et la composition du groupe de travail ne sera pas annoncée officiellement.

Le nom du système étant trop long et les initiales SRGSV difficilement mémorisables et prononçables, Manuel, très imprégné de la littérature qu'il lui a fallu absorber pour se familiariser avec la solution, propose d'utiliser l'abréviation FT (prononcée « Fti » en anglais), pour *Fast Track*, soit « repérage rapide ».

Les membres du groupe se mettent au travail après s'être réparti les tâches à effectuer. Manuel prévoit une réunion hebdomadaire de l'équipe pour faire un point d'avancement régulier et consolider progressivement les informations obtenues par les uns et les autres.

Au bout de six semaines, le projet *Fast Track* prend forme, avec un recensement exhaustif des besoins, mais aussi de nombreuses mises en garde sur la manière d'annoncer le projet aux chauffeurs, en cas de décision favorable.

Damien prend alors conscience du fait que plus personne dans le groupe ne parle de FT : le nom *Fast Track* est devenu à la fois le nom de l'équipe de travail et celui du projet. Il s'est même répandu de proche en proche à de nombreux services.

À deux semaines de la remise des conclusions, Manuel doit recevoir de toute urgence des représentants des chauffeurs. Ces derniers lui demandent de s'expliquer sur une situation qu'ils jugent très grave. Une rumeur s'est en effet propagée selon laquelle la direction souhaite mettre en place un véritable système « policier » pour surveiller étroitement et en permanence les faits et gestes des chauffeurs, d'où le terme *Fast Track*. L'expression a en effet été traduite par « surveillance constante »...

Manuel a bien du mal à convaincre les chauffeurs qu'il s'agit d'une méprise. Le temps passé à concevoir puis à mettre en place des actions de communication rétablissant la vérité (sur un projet encore à l'étude !) décale encore la prise de décision finale...

─── **Les questions-clés** ───────────────

Pour des raisons de confidentialité, aucun élément lié au projet n'a été officiellement divulgué, même si l'équipe constituée pour l'occasion a commencé à travailler. Manuel aurait pu éviter de se retrouver dans une situation difficile s'il s'était posé les questions suivantes :

? Faut-il donner un nom à un projet qui n'est pas encore entériné, et si oui lequel ?

? Où localiser le groupe de travail ?

? Comment communiquer efficacement sur l'équipe projet pour éviter les déformations de la réalité ?

Le baptême du projet

Le nom du projet est le premier élément constitutif de son identité, qui favorise son appropriation par les acteurs concernés. Encore faut-il choisir un nom une fois le projet entériné et non avant, en faisant preuve de méthode et de discernement. Les conseils ci-dessous pourront être suivis avec profit.

Première étape

Commencez par définir le profil du projet avec votre équipe (ou une partie d'entre elle si elle n'est pas encore complète), lors d'une session de travail dédiée. Par profil, nous entendons :

• la nature du projet (de quoi s'agit-il ?) ;

• les différents utilisateurs et acteurs concernés (à qui s'adresse-t-il ?) ;

• l'image du projet (quelle image le nom doit-il véhiculer et que doit-il signifier ou évoquer ?).

Enfin, spécifiez si besoin les contraintes à respecter, qui peuvent être de deux types : la morphologie du nom (nombre de syllabes) et la langue à utiliser (français, anglais ou vocable international).

Deuxième étape

Lors d'une autre session de travail, que vous animerez, faites choisir par le groupe cinq à sept mots-clés porteurs de sens par rapport au projet. Par exemple, dans le cas du projet *Fast Track*, vous pourriez retenir *assistance, géolocalisation, repérage, sécurité, système* et *traçabilité*.

Pour chacun de ces mots, demandez à vos équipiers d'effectuer des associations premières par évocation (à quoi ce mot vous fait-il penser ?), très rapidement et sans réfléchir. Ils doivent alors dire tout ce qui leur passe par la tête. Pour *assistance*, les collaborateurs de Manuel auraient pu trouver : *aide, secours, SOS, coup de main, conseil…* À ce stade, vous recherchez une grande quantité de termes (deux à trois pages par mot choisi), il ne s'agit pas encore du nom du projet.

Enfin, écrivez tous ces mots au tableau puis retournez-le à la fin de la séquence pour les lire lentement à voix haute. Demandez à chaque participant de noter ceux qui lui plaisent et d'en choisir quatre ou cinq parmi eux. Les mots sélectionnés seront ensuite partagés avec le groupe et listés, ils constitueront la nouvelle base de travail.

Troisième étape

Cette phase consiste à choisir, à partir de la dernière liste obtenue :

- un nom, en utilisant des méthodes de croisement de mots deux à deux ou de concaténation de syllabes. Le projet *Fast Track* aurait pu ainsi être baptisé *Géosur* (formé à partir de *géolocalisation* et de *sûreté*) ou *Asysroute* (formé à partir d'*assistance* et de *route*) ;

- un acronyme court (une à deux syllabes avec des lettres issues du vocabulaire du projet). L'équipe de Manuel aurait pu ainsi aboutir à un acronyme comme « Saga » (système automatisé de géolocalisation et d'assistance) ou « Star » (système de traçabilité et d'assistance aux routiers). Pensez aussi à ce que cet acronyme signifie en anglais dans le cadre d'un projet international.

Il ne reste plus qu'à présenter la méthode employée ainsi que le nom et l'acronyme sélectionnés au sponsor ou au comité de direction, pour finaliser le baptême du projet.

Le territoire de l'équipe projet

Une base territoriale est le deuxième critère constitutif de l'identité d'un projet. Il faut trouver un lieu géographique dédié à l'équipe. Cet espace peut revêtir deux formes différentes, en fonction du contexte, de la taille et de la durée du projet, et du nombre de personnes dans l'équipe : la salle de réunion dédiée ou le plateau projet.

La salle de réunion dédiée

Il s'agit, pour les projets ne durant que quelques mois et dont l'équipe est composée de contributeurs à temps partiel, de disposer d'un lieu de référence afin de renforcer le sentiment d'appartenance au projet des participants.

Ainsi, une salle de réunion dédiée sera réservée systématiquement à l'équipe projet une ou deux fois par semaine (par exemple le mardi et le jeudi), sur toute la durée du projet. Cette réservation sera faite dès le début, et aucun autre demandeur ne pourra obtenir l'usage de la salle au cas où elle ne serait pas occupée toute la journée.

Cette salle doit être assez spacieuse pour accueillir des intervenants en plus de l'équipe projet lors de réunions périodiques (comité de projet hebdomadaire et comité de pilotage mensuel) ou de revues de projet. Prévoyez donc une capacité d'accueil de quinze à vingt personnes.

La salle doit être équipée de deux chevalets (*paper boards*), d'un écran, d'un vidéoprojecteur et de prises électriques accessibles pour que chaque participant puisse brancher son ordinateur portable.

Enfin, des schémas ou des photos concernant le projet, ainsi qu'un planning de référence (diagramme de Gant ou graphe PERT) doivent pouvoir rester affichés en permanence sur les murs.

Le plateau projet

Il s'agit, pour les projets durant plus d'un an et dont l'équipe est composée à la fois d'intervenants permanents et de contributeurs à temps partiel, de regrouper tous les protagonistes dans un espace commun. Le but est d'accroître leur efficacité au quotidien tout en renforçant leur sentiment d'appartenance au projet.

Ce lieu commun doit regrouper :

* un bureau paysager (*open space*) dédié au projet. L'espace devra être assez grand pour contenir suffisamment de postes de travail, de deux types : des postes de travail affectés (pour les permanents du projet) et des postes de travail disponibles sur réservation préalable auprès de l'assistante de projet (pour les intervenants occasionnels) ;

* quelques boxes de travail vitrés pouvant être fermés, qui permettent de s'isoler pour des travaux de réflexion ou pour des réunions en petits groupes de deux à trois personnes ;

* une salle de réunion dédiée, qui répond en tous points aux caractéristiques de la salle décrite plus haut.

Le regroupement de ces éléments sur un même plateau facilite la communication et le partage des informations, d'où son nom de *plateau projet*. Cette organisation a largement fait la preuve de son efficacité.

Une équipe projet connue et reconnue

L'équipe constitue le dernier critère donnant une identité au projet, en complément du nom et de la base territoriale. Il s'agit certainement du critère le plus important, car l'image du projet sera celle de l'équipe qui le porte.

Vous devez avant tout identifier et réunir les profils requis pour la réussite du projet. Il est vrai qu'il est parfois tentant d'atteindre rapidement la taille prévue pour l'équipe, quitte à accepter des individus qui ne sont pas assez expérimentés. De même, la rareté des ressources et la pression du management obligent souvent à arbitrer en faveur de la disponibilité immédiate. Résistez à la tentation !

Par ailleurs, il est souhaitable d'avoir dans votre équipe un ou deux experts reconnus dans leur domaine, dont le rayonnement dépasse le cadre de leurs services respectifs. Il y va de la crédibilité de toute l'équipe. Certes, le projet et son équipe seront jugés à l'aune des réalisations ; toutefois, mieux vaut bénéficier d'un « crédit positif » dès le départ.

Enfin, équilibrez les talents et les comportements. L'atteinte de cet équilibre est l'un des facteurs de succès d'une équipe[1]. Plus l'équipe est transverse, plus elle est reconnue et plus elle est efficace, c'est un « cercle vertueux ». La diversité des compétences permet, pour un projet donné, de mieux prendre en compte toutes les facettes de sa réalisation. Elle constitue aussi un facteur de crédibilité, car les utilisateurs se sentent mieux pris en compte si « l'un des leurs » fait partie de l'équipe projet. Si les comportements au sein de l'équipe sont différents tout en restant équilibrés, l'équipe sera plus performante car seront représentés à la fois la rigueur et la créativité, le consensus et la directivité, la priorité donnée aux tâches et celle donnée aux relations...

Les leçons de l'expérience

Un projet entraîne toujours des changements plus ou moins bien acceptés. Lui donner une identité est donc essentiel, car cela fournit à tous les acteurs concernés des repères visibles. Cette identité repose sur un nom signifiant (choisi à l'aide d'une méthode structurée), une base territoriale dédiée au projet et une équipe qui inspire confiance. Ces repères sont nécessaires (mais pas suffisants) pour bâtir le projet sur de saines fondations.

---

1. Voir du même auteur l'ouvrage *Bâtir une équipe performante et motivée*, dans la même collection.

Trois écueils à éviter

Définir un nom de projet abstrait pour se faire plaisir
Plus le nom est éloigné du contexte et du contenu du projet, moins il a de chances de susciter l'adhésion.

Préférer un espace collaboratif électronique à un plateau projet
Un tel espace est certainement utile, mais rien ne remplace la rencontre physique régulière, si possible dans un même lieu.

Sous-estimer le temps nécessaire pour disposer d'une équipe efficace
Mieux vaut prendre quelques semaines de retard avant de lancer le projet et se donner les moyens de constituer une équipe de bon niveau.

Trois conseils à méditer

Retenez une approche professionnelle qui a fait ses preuves pour baptiser votre projet
Cette phase constitue aussi une opportunité, pour le noyau de l'équipe déjà constitué, d'apprendre à travailler ensemble.

Ne transigez pas sur la nécessité de disposer d'une base territoriale
L'expérience montre qu'une équipe performante a besoin de repères spatiaux et de rencontres régulières pour échanger et progresser.

Privilégiez la diversité des compétences et la représentativité au sein de l'équipe projet
L'équipe est de loin l'actif le plus important d'un projet. Sachez investir sur le long terme !

Mémento du baptême d'un projet

Récapitulons les étapes conduisant au choix d'un nom ou d'un acronyme pour un projet.

Étape n° 1 **Profil du projet**	Nature du projet Cible de communication Image à projeter Signification du nom, évocation Morphologie du nom Langue
Étape n° 2 **Processus**	Définition des mots-clés Associations premières par évocation Compilation → première liste Choix individuel (quatre à cinq mots) → liste de référence
Étape n° 3 **Choix**	À partir de la liste de référence : • choix d'un mot par croisement de termes ou concaténation de syllabes ; • choix d'un acronyme court et signifiant.

Lancer le projet

Après avoir donné une identité au projet, il est temps de procéder à son lancement officiel. Cette démarche s'effectue en trois étapes : la réunion d'officialisation de l'équipe projet, le séminaire de lancement et l'annonce officielle dans les médias internes.

Histoire vécue

Patrick est responsable des études à la direction des systèmes d'information d'un grand groupe européen, fabricant et distributeur de mobilier de bureau. L'entreprise a doublé de taille il y a quelques mois en se rapprochant de son principal concurrent allemand (très complémentaire à la fois en termes de produits et de marchés), qui s'était lui-même associé un an auparavant avec une entreprise similaire en Suède.

Le groupe comporte aujourd'hui trois usines principales, situées à Lyon, Francfort et Stockholm, ainsi qu'un réseau de distribution de quarante-huit magasins spécialisés couvrant la totalité des pays de l'Union européenne. Pour parachever la fusion, une réorganisation vient d'être décidée. Elle a pour objectif d'harmoniser les procédures et les règles de gestion au niveau de la fabrication et de la commercialisation des produits. Les décisions prises sont les suivantes :

- trois pôles d'excellence opérant pour le compte du groupe et chargés de la mise en œuvre de la rationalisation dans les entités de leur
ressort seront créés :
  - un pôle finances et système d'information, dirigé par un vice-président résidant à Lyon,
  - un pôle études et fabrication, dirigé par un vice-président résidant à Francfort,
  - un pôle commerce et distribution, dirigé par un vice-président
  résidant à Stockholm ;
- les enseignes commerciales seront harmonisées sous une même
dénomination, avec une normalisation progressive de l'agencement
des magasins et des produits proposés, et la création d'un réseau
commercial secondaire de franchisés ;
- un progiciel de gestion intégré du marché, couvrant en priorité la gestion de production en usine, sera déployé. Il vient d'être choisi après
une étude de faisabilité qui a duré six mois et doit être installé d'ici
deux ans sur tous les sites avec l'aide d'un prestataire spécialisé (en
remplacement des systèmes en place, incompatibles entre eux).

Patrick est nommé directeur du projet GPAO (gestion de production
assistée par ordinateur), dont le sponsor est le vice-président du pôle
études et fabrication. Sa mission l'occupera à temps plein pendant deux
à trois ans.

C'est la première fois qu'il est appelé à diriger un projet stratégique
d'une telle ampleur. À quarante-deux ans, il a été successivement développeur, ingénieur d'études et chef de projet, avant d'être nommé responsable des études. Dans le cadre de cette fonction, il a managé avec
succès une équipe d'une quinzaine d'ingénieurs d'études et de chefs de
projet, et de quarante-cinq développeurs.

Sérieux et fiable, Patrick a un profil de type normatif : il aime l'organisation et les structures, et craint toujours de mal faire. Ses actions
sont réfléchies et rationnelles, et il a l'expérience du management
d'équipe. Si son abord un peu froid peut parfois rebuter, il gagne vraiment à être connu.

La première difficulté que Patrick doit surmonter est la composition de
son équipe, qui doit comporter, outre un petit noyau de fidèles avec qui
il travaille de longue date, deux représentants de chacune des usines
ayant l'expérience du système de gestion de production local. Ces derniers doivent aussi parler anglais (c'est devenu *de facto* la langue officielle du groupe). Par ailleurs, Patrick doit constituer cinq groupes
d'utilisateurs clés couvrant les principaux domaines de la gestion de

production en usine : la planification, l'ordonnancement et le lancement, les achats et l'approvisionnement, la logistique et la gestion des stocks. Ces groupes seront chargés de définir les nouvelles règles et procédures de gestion. Naturellement, ils doivent être transverses aux différentes usines. Un beau casse-tête !

Patrick réussit tant bien que mal à constituer ses équipes avec l'aide des différents directeurs d'usine sollicités par le sponsor. Survient alors la seconde difficulté : qui réunir pour lancer le projet ? Patrick hésite entre deux options.

- Un séminaire de lancement officiel de deux jours (avec une arrivée des participants prévue la veille du premier jour), qui réunirait la direction générale, l'équipe projet et tous les utilisateurs clés (soit soixante-dix personnes au total). Organisé et animé avec l'aide d'un consultant spécialisé, il se déroulerait dans un lieu de qualité, facilement accessible depuis les trois usines (par exemple un grand hôtel à Bruxelles). Cette solution aurait comme avantage majeur de permettre aux participants de faire vraiment connaissance et d'apprendre à travailler ensemble, en alternant sessions plénières et travaux en sous-groupe transverses. En revanche, un tel événement coûte cher !

- Une réunion en petit comité d'une journée (de 10 heures à 16 heures avec plateaux-repas) sur le site industriel de Francfort, à laquelle participeraient le vice-président sponsor du projet, l'ancien patron de Patrick (le directeur des systèmes d'information), le leader de chacun des cinq groupes d'utilisateurs clés, deux de ses collaborateurs et lui-même. Cela représenterait au total dix personnes, chaque leader étant ensuite chargé de relayer l'information auprès de son équipe. L'avantage majeur de cette solution est qu'elle minimise la mobilisation des ressources et les coûts. Son inconvénient est qu'elle exclut une partie significative des forces vives du projet.

Après avoir chiffré de manière précise les deux approches et évalué leurs avantages et inconvénients respectifs, Patrick décide de privilégier la seconde solution, en se réservant la possibilité d'organiser un séminaire élargi à l'ensemble des équipes après la première étape du projet, au bout de trois à quatre mois (il se garde pour l'instant de l'annoncer). Il justifie sa décision par la nécessité de tenir la réunion rapidement, afin de ne pas retarder le démarrage du projet, et par la crainte de paraître dispendieux à ce stade.

C'est une erreur d'appréciation... Les groupes d'utilisateurs clés ont énormément de mal à se mettre en place, l'information relais ayant été insuffisante pour inciter à l'action. C'est ainsi que le projet prend, d'entrée de jeu, trois mois de retard !

—— **Les questions-clés** ——————————————————

La nature prudente de Patrick lui fait choisir la mauvaise solution. Il aurait dû réfléchir davantage avant de prendre sa décision et se demander :

? Comment officialiser l'équipe projet avant le séminaire de lancement ?

? Comment mobiliser toutes les équipes dès le lancement du projet, afin de les motiver sur la durée ?

? Comment officialiser *urbi et orbi* un projet d'une telle importance ?

La réunion d'officialisation de l'équipe projet

Cette réunion est la première pierre d'un grand édifice : pour la première fois, l'équipe projet est réunie pour le coup d'envoi du projet. Vous devez préparer avec soin ce moment privilégié, en liaison avec le sponsor, pour marquer favorablement l'esprit des acteurs concernés dès le départ et leur donner envie de travailler ensemble.

Le but de cet événement est que les participants :

- fassent connaissance les uns avec les autres (chacun devra pouvoir s'exprimer) ;
- ressortent de la séance avec une vue claire et partagée du projet (enjeux, risques, acteurs, méthode, planning et modalités) ;
- définissent, dans le consensus, le mode opératoire de l'équipe ;
- comprennent précisément leur rôle et leurs responsabilités, en termes de qualité et de quantité (pour les intervenants à temps partiel).

Un effectif restreint

Outre le sponsor (qui doit impérativement être là au moins durant la première partie de la réunion) et le chef de projet, toute l'équipe projet et les groupes d'utilisateurs clés doivent être présents, sans exception.

À ce stade, il est inutile d'inviter un membre extérieur à l'équipe, que ce soit en tant que participant ou en tant qu'intervenant.

Un espace dédié

L'endroit où se déroulera la réunion dépend de l'importance de l'équipe projet et du contexte. Idéalement, pour « marquer le territoire » de l'équipe, cet événement devrait se tenir dans la salle de réunion dédiée au projet. Une autre possibilité consiste à se réunir si possible à la campagne dans un lieu approprié, pour une journée de travail dans une ambiance décontractée.

Le déroulement d'une journée type

Deux temps (matin et après-midi) pourront être distingués ; ils feront l'objet d'une démarche différente.

La matinée devra être consacrée tout d'abord à faire connaissance. Chacun se présentera longuement, et exprimera ses attentes par rapport au projet et à ses besoins. En tant que chef de projet et animateur de la réunion, vous serez le premier à parler. Puis le sponsor définira les enjeux du projet et ce qu'il en attend. Il précisera aussi la composition du comité de pilotage qui l'assistera lors des prises de décision.

Après une pause, vous présenterez en détail le projet, les différents acteurs (avec leurs rôles et leurs responsabilités respectives), la méthode retenue (avec les étapes, les documents clés et les jalons associés), ainsi que le planning de référence.

Une large place doit être laissée aux débats tout au long de la matinée.

L'après-midi sera consacré à un travail en sous-groupes transverses (définis avant la réunion) sur les risques du projet. Le but est de définir, dans le consensus, les actions préventives à mettre en œuvre ainsi que les points demandant une vigilance particulière. Après réflexion, chaque sous-groupe présentera en session plénière ses recommandations, que vous consoliderez. Vous devrez rester très à l'écoute durant cette phase.

Après une pause, vous définirez le mode opératoire de l'équipe : fréquence et lieu des comités de projet et de pilotage, nature et forme du reporting, base documentaire partagée.

Le séminaire de lancement,
un événement incontournable

Trop souvent bâclé ou dénaturé par des interventions axées uniquement sur l'aspect événementiel, le séminaire de lancement mérite d'être mûrement réfléchi, en fonction de la nature du projet et du contexte, et d'être animé de manière professionnelle.

Les objectifs poursuivis sont les suivants :

- créer une synergie entre les utilisateurs et l'équipe de réalisation ;
- préciser le rôle et les responsabilités des acteurs concernés, la nature des instances mises en place pour l'occasion (décision, réalisation, validation[1]) et la méthode de projet utilisée (phases, étapes, livrables et jalons) ;
- faire en sorte que chacun s'implique dans le projet en suscitant la réflexion en sous-groupes sur des thèmes prédéfinis.

L'expérience montre que le succès d'un tel séminaire s'appuie systématiquement sur un nombre limité d'éléments.

Des participants concernés

Le séminaire de lancement réunit :

- le sponsor, propriétaire du projet et hôte de l'événement. Il est important qu'il s'implique tout au long de la session et y participe de manière très active ;
- le chef de projet, principal animateur du séminaire. Vous pouvez vous faire assister par un animateur professionnel, interne ou externe à l'entreprise ;
- les responsables opérationnels pour le bénéfice desquels le projet est réalisé (dans le cas du projet mené par Patrick, il s'agit des directeurs d'usine et de leurs principaux responsables de département) ;
- l'équipe de réalisation et les groupes d'utilisateurs-clés ;
- un représentant de la direction de la communication.

---

1. Cf. pratique n° 6.

Un lieu de qualité

Si le projet est d'une importance majeure, ne faites pas d'économies en ce qui concerne l'endroit où se déroulera le séminaire de lancement.

Quels sont les besoins ? Le lieu idéal est un hôtel de bon standing, possédant une capacité d'accueil qui correspond au nombre de participants. Il doit être équipé de salles de réunion spacieuses munies de tous les équipements pédagogiques requis, avec si possible de larges baies vitrées donnant sur un jardin. Il est aussi important de pouvoir disposer d'espaces de rencontre ou de travail : salles de réunion plus petites pour les travaux en sous-groupes, salons, hall, bar...

Pour être facile d'accès, le lieu ne doit pas être distant de plus d'une heure de la gare ou de l'aéroport le plus proche.

Une durée suffisante

Il est préférable que le séminaire dure deux jours, avec une nuit sur place (c'est la condition *sine qua non* pour créer une bonne cohésion d'équipe). L'événement commence ainsi le premier jour à 10 heures (pour laisser le temps aux participants d'arriver) et se termine le lendemain à 16 heures.

Un rythme soutenu et une pédagogie adéquate

Limitez le nombre d'interventions didactiques, en privilégiant les thèmes de fond. Les intervenants incontournables, qui doivent être convaincus et communicants, sont :

- le sponsor, qui définit les enjeux, le rôle et les responsabilités des acteurs et des instances ;
- le chef de projet, qui précise les phases, les étapes, les livrables, les jalons et le planning du projet ;
- un ou deux membres des directions utilisatrices, qui expriment leurs besoins et leurs attentes ;
- un expert du sujet (interne ou externe à l'entreprise) si besoin.

Vous devez mettre en situation les participants, en les répartissant par exemple en groupes de travail transverses, afin qu'ils réfléchissent et fassent des propositions sur des thèmes prédéfinis, fonctionnels, techniques ou organisationnels. À titre d'illustration, citons l'évaluation des risques du projet (et l'identification de mesures préventives et de points de vigilance), l'accompagnement du changement (communication, formation, pilotage), ou les critères objectifs pour retenir les pilotes avant de généraliser le projet.

Prévoyez des séquences de travail d'une heure trente à une heure quarante-cinq au maximum (pour que tout le monde reste concentré), espacées de pauses de trente minutes le matin et l'après-midi. Il est préférable d'alterner les présentations, les travaux de réflexion en sous-groupes et les restitutions en session plénière (*via* un rapporteur par sous-groupe). Les déjeuners gagneront à être servis sous forme de buffets.

Éventuellement, vous pouvez organiser des exercices de cohésion d'équipe, si un animateur professionnel co-anime avec vous le séminaire.

Enfin, n'oubliez pas de privilégier la dimension festive, toujours la bienvenue, en particulier lors de la soirée si le séminaire dure deux jours.

L'annonce officielle dans les médias internes

Le séminaire de lancement officialise le projet. Vous pouvez donc ensuite commencer à communiquer sur le sujet sous deux formes : en ouvrant un espace projet sur l'Intranet de l'entreprise et en publiant un premier article dans le journal de l'entreprise.

Un espace dédié sur l'Intranet de l'entreprise

Bien que préparé en amont, l'espace réservé au projet sur l'Intranet ne devra être consultable qu'après le séminaire, qui contribuera à l'alimenter. Trois rubriques au moins sont à prévoir :

- un descriptif synthétique du projet, qui permet aux internautes pressés de comprendre rapidement l'essentiel (quoi, pourquoi, comment), accompagné d'un « à qui s'adresser » utilitaire ;
- la restitution de toutes les présentations assurées durant le séminaire, pour disposer d'une base complète destinée à la fois aux participants

et aux futurs utilisateurs désirant aller au-delà du descriptif synthétique. Un reportage photographique peut compléter utilement cette
restitution, avec une sélection de photos prises lors de l'événement ;

- un forum dédié, destiné à créer un lien interactif avec toute personne souhaitant s'informer ou communiquer sur le projet. C'est
un moyen éprouvé d'impliquer des utilisateurs dispersés, tout en
les incitant à prendre connaissance des nouvelles rubriques et
informations disponibles sur l'Intranet.

Un article dans le journal de l'entreprise

Cet article sera réalisé sous la forme d'un reportage à l'occasion du
séminaire de lancement. Comme dans toute publication de ce type,
le projecteur sera mis sur les acteurs du projet, avec, en particulier :

- une interview du sponsor, pour mettre le projet en perspective ;
- deux témoignages d'utilisateurs, qui exprimeront leurs attentes et
leurs besoins, mais aussi leurs préoccupations du moment par rapport au projet ;
- un zoom sur l'équipe projet et son responsable, ainsi que sur les
groupes d'utilisateurs-clés.

Évitez soigneusement de communiquer sur des dates trop précises,
surtout si le projet doit durer plus d'un an. En effet, le planning à
cette date n'est que prévisionnel, le propre d'un projet étant de
déraper dans l'espace et dans le temps. Enfin, ne « survendez » surtout pas les bénéfices attendus (attention à l'emploi du futur dans la
formulation de l'article, mieux vaut privilégier le présent), et ne
passez pas sous silence les risques du projet.

Les leçons de l'expérience

Lancer officiellement un projet, c'est montrer que l'on a confiance en
sa réussite. Cette étape est aussi l'occasion de commencer à fédérer
les participants. La réunion d'officialisation de l'équipe projet
permet, en petit comité, de préciser le rôle de chacun des membres
et de leur donner envie de travailler ensemble. Le séminaire de lancement réunit ensuite tous les acteurs concernés (bien au-delà de

l'équipe projet), et en particulier le management, qui doit être l'un des relais privilégiés de l'information. Enfin, un espace sur l'Intranet de la société ainsi qu'un article dans le journal de l'entreprise seront les premiers actes de communication liés au projet.

Trois écueils à éviter

Fusionner la réunion d'officialisation de l'équipe et le séminaire de lancement du projet
Même si ces deux événements comportent des thèmes qui se recouvrent, mobilisez tout d'abord l'équipe projet, qui sera ensuite à l'honneur le jour du séminaire.

S'imaginer qu'un nombre restreint de participants au séminaire le rendra plus efficace
Vous ferez certainement des économies en termes de ressources mobilisées et de budget, mais vous pénaliserez la bonne mise en place du projet.

Se limiter systématiquement à un séminaire de lancement d'une journée
Certains projets relèvent effectivement d'un séminaire d'une journée, si le nombre d'acteurs concernés est faible. Cependant, pour des projets plus importants, une durée de deux jours est impérative.

Trois conseils à méditer

Assurez-vous de l'adhésion des managers concernés pour la réunion d'officialisation de l'équipe projet
Rencontrez avant la réunion les managers de tous les membres de votre équipe, que ces derniers soient « dédiés » au projet ou à temps partiel.

Planifiez le séminaire de lancement dès que le sponsor prend la décision de lancer le projet (à une échéance d'un mois)
Le séminaire est une tâche prioritaire, car elle est sur le chemin critique du succès. La date doit être fixée en fonction de la disponibilité du lieu choisi.

Retenez une animation professionnelle pour garantir le succès du séminaire
L'animation d'un groupe important (vingt personnes et plus) nécessite expérience et savoir-faire, d'où l'intérêt d'une co-animation avec un professionnel.

Programme d'un séminaire
de lancement d'une journée

Horaire	Contenu de la séquence	Principal intervenant	Outils pédagogiques
09 h 00-10 h 30	Le projet Objectifs, résultats attendus, modalités Présentation des participants	Animateur[a]	Tour de table
	Le projet Enjeux, perspectives, acteurs	Sponsor du projet	Discours didactique et interactif
	Le projet Organisation, méthode et planning	Chef de projet	Discours didactique et interactif
10 h 30-11 h 00	Pause		
11 h 00-12 h 30	Réflexion contributive Les risques du projet L'accompagnement du changement Les critères de choix pour le pilote	Un animateur et un rapporteur choisi par sous-groupe	Travail en sous-groupes transverses (un thème par sous-groupe)
12 h 30-13 h 00	Le point de vue de la direction générale	Directeur général	En session plénière
13 h 00-14 h 15	Déjeuner		Buffet
14 h 15-16 h 00	Restitution des contributions Les risques du projet L'accompagnement du changement Les critères de choix pour le pilote	Régulation des débats et consolidation par l'animateur	En session plénière, un rapporteur par sous-groupe
16 h 00-16 h 30	Pause		

16 h 30-18 h 00	Le point de vue des utilisateurs Table ronde (trois à cinq utilisateurs-clés) Débat avec la salle	Animateur	Table ronde préparée et conduite par l'animateur, avec débat
	Synthèse et plan d'actions	Chef de projet	Discours didactique et interactif
	Clôture du séminaire	Sponsor du projet	

a. L'animateur peut être le chef de projet s'il est communicant et volontaire. Pour un projet de taille significative, il est préférable de faire appel à un consultant spécialisé ou d'opter pour une co-animation.

Mettre en place
des relais de communication

Après un séminaire de lancement réussi, le projet est maintenant officiel. Les décideurs présents lors de cet événement ont reçu de nombreuses informations. Toutefois, de retour à leurs activités habituelles et soumis à la pression du quotidien, ils risquent de ne pas les transmettre, considérant que cette tâche est du ressort de l'équipe projet et non du leur.

Histoire vécue

Pascale est la responsable formation de la direction des achats « corporate » d'une entreprise internationale dont le siège est à Paris. Cette société fabrique et distribue partout en Europe des produits de beauté : soins du visage, maquillage, produits douche et capillaires, soins du corps, produits solaires, parfums... Une nouvelle organisation doit être mise en place à l'échelle du groupe, avec les spécificités suivantes :

- la structure repose sur les canaux de distribution avec quatre unités opérationnelles responsables de leur compte d'exploitation : les produits grand public, les produits professionnels, les produits dermato-cosmétiques et les produits de luxe ;

- chaque unité dispose de ses propres fonctions de support (achats, finance, informatique, logistique et ressources humaines), sous la responsabilité des fonctions équivalentes du siège qui fournissent les directives et assurent le contrôle des règles et des procédures ;
- un conseil de surveillance définit la stratégie à adopter et veille à sa bonne exécution, tandis qu'un directoire pilote l'activité.

Trois mois avant la réorganisation, la direction des achats définit un parcours de professionnalisation du métier d'acheteur après avoir réalisé une enquête auprès de tous les acheteurs du groupe. Ce cursus comprend quatre modules de formation : marketing achats, analyse du besoin, négociation, termes et conditions contractuelles.

Le contenu de chaque module et les supports de formation associés sont conçus avec l'aide d'un consultant spécialisé, puis testés en France sur un panel de huit acheteurs francophones volontaires. Après quelques ajustements, tout est traduit en anglais.

Un appel d'offres est alors lancé pour rechercher dans les six pays concernés (Allemagne, Benelux, Espagne, Italie, Pays-Bas et Grande-Bretagne) les prestataires susceptibles de démultiplier les formations dans la langue locale d'ici trois ans.

Pascale est nommée chef de projet, sous l'égide du directeur des achats « corporate », nouvellement promu. À trente-six ans, elle a une expérience très significative de la fonction achats. Diplômée de Negosup, elle a exercé son métier d'acheteur durant six ans chez un grand équipementier automobile, dans différents domaines. Elle a ensuite rejoint le groupe, au sein duquel elle a d'abord fait ses preuves pendant deux ans comme acheteur dans le domaine « conditionnements et emballages », avant d'être nommée manager d'une équipe d'acheteurs spécialisés, fonction qu'elle a occupée avec succès ces trois dernières années.

Le poste qui vient de lui être est confié est destiné à élargir son champ de compétences et à la familiariser avec l'environnement multiculturel du groupe, afin qu'elle soit ensuite en mesure de prendre d'autres responsabilités opérationnelles.

Pascale découvre simultanément le monde de la formation et celui de la conduite de projet. Cependant, elle connaît bien le métier d'acheteur, et son expérience de manager la conforte dans l'idée que ce parcours de professionnalisation est nécessaire, et que le projet doit être conduit tambour battant. Résolue, elle aime les défis, a horreur de l'inaction et travaille rapidement.

Elle prend alors les initiatives suivantes :

- elle définit un planning de déploiement « resserré » sur deux ans au lieu des trois prévus (les formations se dérouleront en parallèle dans tous les pays) ;
- elle rédige une instruction destinée aux responsables achats de chacune des unités opérationnelles et à leurs directeurs généraux, pour qu'ils la rediffusent à tous les managers achats ;
- elle demande à chaque responsable achats d'identifier un point de contact transverse par pays, de préférence un manager achats ;
- elle inscrit la présentation du parcours de professionnalisation à l'ordre du jour de la première convention des acheteurs, qui doit avoir lieu au mois de mars.

Malheureusement, rien ne se passe comme prévu et la réorganisation est difficile à mettre en place. Deux des quatre unités sont dans l'incapacité de fournir les points de contact demandés, compte tenu des modifications d'organisation. Une troisième indique qu'elle ne démarrera pas la formation avant six mois. Quant à la dernière, elle ne dit mot, le responsable achats venant de donner sa démission.

Comme un problème n'arrive jamais seul, Pascale apprend que, compte tenu des difficultés rencontrées, la convention des acheteurs est repoussée en fin d'année. C'est le coup de grâce !

Les questions-clés

Pascale s'est lancée tête baissée dans son projet. Elle a voulu agir vite, et n'a pas pris le temps de réfléchir aux questions suivantes :

- ? Comment « porter la bonne parole » et convaincre de l'importance d'un projet ?
- ? Comment assurer un relais efficace de l'information sur les sites excentrés ?
- ? Comment impliquer les managers pour qu'ils se sentent porteurs du projet ?

Des évangélistes pour convaincre

Évangéliser, c'est littéralement « annoncer la bonne nouvelle », en allant à la rencontre de ceux que l'on souhaite informer et convaincre. Le terme n'est-il pas un peu fort en matière de communication dans un projet ? Tous ceux qui ont été confrontés aux difficultés de mobilisation sur des projets déployés dans de grandes entreprises ou des organisations internationales pourront confirmer qu'il est approprié !

Leur profil

Idéalement, l'évangéliste est un manager confirmé ou un professionnel, leader connu et reconnu, pour des raisons de crédibilité. Il doit en effet avoir une légitimité par rapport au projet. Le sponsor du projet doit impérativement le recommander à sa ligne de management, qui doit approuver son rôle.

Par ailleurs, l'évangéliste doit posséder un solide talent de communicateur ainsi que de bonnes capacités d'écoute, d'entraînement et de séduction, assorties d'un certain charisme.

Enfin, il doit être investi dans le projet, sous une forme ou sous une autre, et être volontaire et disponible pour la mission qui lui est proposée.

Leur effectif

Un évangéliste par lieu principal suffit (mieux vaut privilégier la qualité que la quantité). Dans le cas de Pascale, il aurait fallu compter un manager achats par pays pour jouer ce rôle.

L'action de l'évangéliste sera primordiale durant le premier tiers du projet, pour diffuser l'information, faire en sorte que les participants se l'approprient et les inciter à l'action. Les évangélistes seront ensuite relayés par les « relexperts[1] ».

---

1. « Relexpert » est un mot inventé par l'auteur pour un de ses clients. Il est formé à partir des termes *relais* (mécanisme servant à amplifier un mouvement afin d'assurer sa transmission ou, autrefois, remplacement de chevaux fatigués par des chevaux frais postés sur le parcours de distance en distance) et *expert* (« qui connaît très bien quelque chose par la pratique » selon le *Larousse multidico*).

Bien évidemment, le sponsor doit être le premier des évangélistes, en particulier auprès du comité de direction et de ses collaborateurs immédiats (les responsables achats des unités opérationnelles, dans le cas de Pascale).

En ce qui vous concerne, vous serez davantage concentré sur la motivation et l'animation des évangélistes et des relexperts, même si vous pouvez intervenir directement de manière occasionnelle, à la demande.

Leur mission

L'évangéliste est le premier relais de la communication du projet : il est chargé de transmettre l'information et de motiver les managers concernés.

Il privilégiera autant que faire se peut l'information individuelle. À défaut, il organisera des réunions d'une heure et demie regroupant cinq ou six managers. L'objectif est d'expliquer les enjeux du projet, de répondre à toutes les questions posées et de fournir à chaque manager une présentation du projet destinée à être transmise à ses collaborateurs.

En cas de besoin, et selon ses disponibilités, l'évangéliste pourra intervenir directement dans une réunion de collaborateurs à la demande de leur manager (par exemple si ce dernier ne se sent pas à l'aise pour communiquer sur le projet). Cependant, cela doit rester exceptionnel.

Comment les motiver ?

Généralement, les évangélistes sont identifiés puis missionnés après le séminaire de lancement, au cours duquel la direction générale a été sensibilisée à la nécessité de communiquer de cette manière.

La première étape consiste à réunir tous les évangélistes, pour qu'ils fassent connaissance les uns avec les autres, à les informer sur les tenants et aboutissants de la mission qui leur est confiée et à leur fournir une présentation du projet destinée à être transmise aux managers concernés.

Un temps conséquent doit être consacré aux questions/réponses autour du référentiel de communication déjà préparé par l'équipe projet (cf. pratique n° 2), pour que chacun s'approprie pleinement le sujet en se mettant en situation.

Par la suite, il vous faudra assurer un suivi périodique de la progression des évangélistes (si besoin, vous pourrez être amené à leur prêter main-forte).

Des « relexperts » pour rassurer

Le projet est sur la bonne voie, c'est l'arrivée des premières réalisations (par exemple les spécifications détaillées ou la maquette du projet). Le premier niveau d'information est alors terminé. Les futurs utilisateurs du projet soulèvent de nouvelles questions plus « pointues » : il est temps pour les évangélistes de céder la place aux « relexperts ».

Leur profil

Idéalement, un relexpert est un utilisateur clé, volontaire et disponible pour la mission qui lui est proposée, contributeur significatif du projet du début à la fin. À ce titre, il connaît bien tous les développements du projet, mais aussi toutes les péripéties survenues depuis son lancement.

Par ailleurs, le relexpert doit aimer convaincre, avoir le sens du service et posséder un talent de communicant.

Enfin, il doit être organisé et méthodique pour gérer simultanément trois priorités : son poste, sa mission d'utilisateur-clé et son rôle de relexpert. Son poste de travail principal devra être aménagé en conséquence par sa ligne managériale.

Leur effectif

Un à deux relexperts par lieu principal sont nécessaires. Dans le cas de Pascale, ce rôle aurait pu être joué par les acheteurs ayant participé à la session pilote des différents modules de formation dans leurs pays.

L'action des relexperts sera importante tout au long du projet pour expliquer, rassurer et faire remonter les informations utiles afin que vous procédiez aux ajustements nécessaires, en termes de contenu du projet ou de communication.

Leur mission

Le relexpert doit être réactif et parfois proactif. Il est essentiellement à la disposition des futurs utilisateurs pour répondre à leurs questions.

Il privilégiera la diffusion rapide des premiers retours d'expérience, en s'appuyant sur la consolidation que vous aurez réalisée avec votre équipe (cf. pratique n° 8).

En cas de nécessité, et selon ses disponibilités, il pourra intervenir directement dans une réunion de collaborateurs, à la demande de leur manager, pour témoigner de son expérience et préciser la situation du projet à date.

Comment les motiver ?

Suivez de manière régulière les relexperts, et aidez-les si besoin.

Il est important de valoriser leur mission et de la faire connaître, à leur management comme aux futurs utilisateurs, *via* le bulletin de projet (cf. pratique n° 7).

Des managers impliqués pour « porter » le projet

Les talents et les compétences des évangélistes et des relexperts sont nécessaires pour « prêcher la bonne parole » autour du projet, mais il faut aussi que les managers s'impliquent personnellement afin d'entraîner l'adhésion définitive de leurs collaborateurs.

Un manager peu convaincu est peu convaincant

S'il ne croit pas au projet, un manager aura beau dire et beau faire, il ne parviendra pas à convaincre ses collaborateurs. Tout nous trahit en effet : nos mots, nos intonations, nos gestes, nos attitudes, nos postures, les micro-expressions de notre visage… Tous les signes traduisant une réticence du manager n'échapperont pas à ses collaborateurs, en réunion de groupe comme en entretien individuel. Dans ce cas, le remède (l'information fournie avec des réserves) est pire que le mal (l'absence d'information).

De même, pour qu'un manager soit convaincu, il faut que sa propre hiérarchie le soit aussi. Sinon, par un pervers effet de cascade, l'incrédulité ira en augmentant jusqu'aux utilisateurs finaux, cibles ultimes de la communication du projet.

Un manager déterminé incite à l'action

Une fois convaincu de l'utilité du projet, le manager emportera l'adhésion de ses collaborateurs. Il reste toutefois une marche à franchir entre l'adhésion au projet (je crois que ce projet est utile) et son appropriation (ce projet me concerne et j'agis en conséquence).

Le manager devra donc s'impliquer pour transformer l'adhésion en action. Dans le cas de Pascale, les responsables achats locaux auraient pu consulter individuellement leurs acheteurs, planifier la participation de chacun d'eux aux différents modules, et surtout faire en sorte que le planning convenu soit strictement respecté (un désistement à un module est envisageable, à condition de trouver un remplaçant).

De manière générale, les managers auront soin enfin de faire le point avec leur équipe à la fin du projet et d'en tirer des leçons. En l'occurrence, dans notre exemple, après chaque cursus complet suivi par un acheteur donné, les responsables achats devraient faire un bilan et finaliser les axes de progrès d'un commun accord.

Les leçons de l'expérience

Mettre en place les relais de communication appropriés est essentiel pour la réussite d'un projet. Le sponsor comme le chef de projet doivent identifier les profils requis : des évangélistes dans un premier temps pour diffuser une information générale sur le projet, puis des relexperts dans un deuxième temps pour répondre aux questions de plus en plus pointues au fur et à mesure de l'avancement du projet.

© Groupe Eyrolles

Il est aussi nécessaire d'obtenir l'accord des managers concernés pour l'installation de ce réseau de communication. Comme tout réseau, ce dernier doit être animé et alimenté en informations à valeur ajoutée par le chef de projet.

Trois écueils à éviter

Demander au manager local d'être aussi évangéliste
Même s'il est d'accord pour endosser ce rôle au
début, le manager ne sera pas assez disponible et la
communication d'ensemble s'en ressentira.

**Prévoir un « SVP projet » par messagerie, pour faire
l'économie des relexperts**
Les participants ont besoin de pouvoir s'adresser de
vive voix à un utilisateur clé proche et convaincant.

**Penser que les managers vont spontanément relayer
l'information et motiver leurs collaborateurs**
Les managers sont des relais privilégiés, cependant, ils
sont saturés d'informations. Ce n'est donc pas à partir
d'une présentation faite par un tiers et envoyée par
e-mail qu'ils pourront être convaincus et convaincre
à leur tour.

Trois conseils à méditer

**Appuyez-vous sur l'autorité du sponsor et sur son
propre réseau d'influence pour mettre en place les
évangélistes**
Vous devez en priorité convaincre le sponsor du
bien-fondé de cette approche afin d'identifier
avec lui les cibles prioritaires et de définir un plan
d'actions pour obtenir leur adhésion.

**Indiquez dès le début aux utilisateurs-clés que l'une
des facettes de leur mission est de rassurer les
utilisateurs finaux**
Ce sera ensuite beaucoup plus facile pour définir
parmi eux ceux qui joueront le rôle de relexperts, en
fonction de leur motivation et de la répartition
géographique des sites de l'entreprise.

**Utilisez votre propre réseau de relations parmi les
managers de l'entreprise pour trouver des alliés
actifs**
Ne sous-estimez pas l'importance du bouche-à-
oreille dans les projets. Pouvoir s'appuyer sur quelques managers amicaux et convaincus est un levier
appréciable pour une communication efficace.

Mémento de l'évangéliste

	Déclinaison	Observations
Quoi ?	Définition du projet Descriptif sommaire Niveau (entreprise, département…)	À résumer en une phrase et une diapositive (soyez concret !)
Pourquoi ?	Situation actuelle Enjeux (externes et internes) Objectifs	Messages-clés expliquant pourquoi le projet est effectué
Qui ?	Pour qui : les utilisateurs Par qui : le sponsor et le comité de pilotage, le chef de projet et son équipe, les utilisateurs-clés	Estimation de la volumétrie Liste avec les coordonnées des principaux acteurs
Où ?	Sites concernés	Estimation de la volumétrie, liste des lieux
	Sites pilotes	Liste des sites Raisons pour lesquelles ces sites ont été retenus Coordonnées des personnes à contacter sur chaque site
Quand ?	Dates clés et jalons Date du pilote et du déploiement Macro-planning prévisionnel communicant	Chemin critique (nombre limité de tâches dont la réalisation conditionne d'autres tâches) Risques de dérapage du projet
Comment ?	Ressources internes requises	Estimation de la volumétrie
	Ressources externes (sous-traitants)	Raisons pour lesquelles ces sous-traitants ont été retenus
	Plan d'accompagnement	Communication prévue Formation prévue
Combien ?	Budget (coût estimé) Bénéfices attendus et gains escomptés (sur les plans quantitatif et qualitatif)	Estimation du coût en jours/homme et en K€

PRATIQUE N° 6

Animer les comités de pilotage

Les relais d'information ont été mis en place et fonctionnent de manière efficace. C'est le temps des débuts enthousiastes, des premières réalisations... mais aussi des premiers problèmes ! Heureusement, la plupart d'entre eux étaient prévisibles et vous faites face avec votre équipe à la situation. Il vous faut maintenant rythmer le projet par des comités de pilotage mensuels, préparés avec soin et animés avec talent, afin de contribuer à la bonne image du projet.

Histoire vécue

Salim, ingénieur dans un laboratoire semi-public spécialisé dans la recherche agronomique, vient d'être missionné pour participer à un projet de conception et de réalisation d'une serre expérimentale démontable. Cette serre est destinée à tester des croisements de céréales à haut rendement sur terre peu fertile, dans des pays dont le climat comporte des variations très importantes de température (très chaude le jour et très froide la nuit). Ces contrées sont également sujettes à de fortes précipitations à la saison des pluies.

Un des directeurs de recherche, scientifique de renom et expert de ces croisements, a défini le besoin qui a été approuvé par le comité scientifique et technique du laboratoire. Les pays en voie de développement sont très intéressés par cette approche. La FAO (Food and Agriculture

Organisation), organisme spécialisé de l'ONU dans l'alimentation et l'agriculture, vient d'allouer des fonds significatifs au laboratoire pour ce projet qui doit durer douze mois.

Le noyau dur de l'équipe projet est composé de cinq ingénieurs, des collègues de Salim spécialisés dans les différentes disciplines concernées : structure du bâtiment, éclairage, chauffage, irrigation et système de pilotage de la serre. Des experts sont également disponibles si besoin – avec un « préavis » raisonnable – pour renforcer l'équipe au fur et à mesure de l'avancement du projet.

Le commanditaire du projet est le directeur de recherche qui a défini le besoin. S'il a missionné Salim sur ce projet plutôt qu'un de ses collègues, c'est parce qu'il connaît la capacité de cet ingénieur à obtenir le consensus des groupes qu'il anime périodiquement. Modeste et réservé, Salim est très à l'écoute des autres et cherche en permanence à faire régner l'harmonie autour de lui. Il est aussi l'homme des grandes causes humanitaires, aussi le projet est-il parfaitement en accord avec ses aspirations, ce qui le motive d'autant plus.

La serre doit avoir une surface au sol de 250 m^2 et une hauteur de 2,40 m. Son vitrage peut être en plastique ou en verre, mais il doit répondre aux spécifications suivantes : une épaisseur de 5 mm, une résistance aux premiers froids (pour éviter le risque de fêlure), la plus grande transparence possible pour un maximum d'efficacité, et un vieillissement correct dans le temps. Le vitrage existe en trois versions, les prix s'échelonnant au total de 8 000 à 13 000 €. Les délais de livraison sont similaires pour les trois solutions, de l'ordre de deux mois. Chacune des versions présente des avantages et des inconvénients.

En ce qui concerne le fonctionnement de la serre, trois sous-systèmes doivent être mis en place : l'éclairage, le chauffage et l'irrigation. Un avant-projet sommaire peut être consulté. Il reste à définir des spécifications détaillées et à choisir si l'on fait appel à des ressources internes (elles existent, mais risquent de ne pas être libres au moment nécessaire) ou à des sous-traitants (le coût de l'opération est alors majoré).

Le cœur du projet est le système de pilotage et de contrôle de la serre, constitué d'un système informatique comportant un réseau de capteurs pour la saisie des paramètres en temps réel, avec un logiciel à développer en interne. Ces éléments sont disponibles, mais relèvent d'un autre service avec lequel il faudra négocier.

Quant aux délais, quarante jours seront nécessaires pour le montage final de la serre, la mise en service et les tests unitaires des équipements, et l'intégration de l'ensemble avec le système de contrôle.

Compte tenu de l'enjeu, le directeur demande à Salim un pilotage serré du projet, avec un rapport mensuel précis à l'issue de chaque comité de pilotage. Suite à la recette définitive, une publication destinée à la FAO sera réalisée.

Après une réunion de lancement regroupant le noyau de l'équipe projet, celle-ci s'attelle à la rédaction des spécifications détaillées des trois sous-systèmes (éclairage, chauffage et irrigation), et à l'émission des appels d'offres.

Au bout d'un mois, il est temps de faire le point sur l'avancement du projet, et Salim décide de convoquer un premier comité de pilotage. Il consulte son équipe, puis invite à ce comité tous les experts sollicités lors de la rédaction des spécifications (deux par discipline), son responsable hiérarchique ainsi que son commanditaire (celui-ci prévoit de venir avec son adjoint et un consultant interne, expert en conduite de projet). Seize personnes sont donc conviées au total pour une durée de trois heures (de 9 h 30 à 12 h 30), dans une grande salle de réunion équipée en conséquence.

Trois thèmes sont prévus : le bilan des réalisations du mois, la sélection des prestataires pour les trois consultations réalisées, et le choix du vitrage de la serre parmi les trois options disponibles.

À 9 h 30, seule l'équipe projet est présente. Les autres intervenants arrivent de manière échelonnée jusqu'à 10 heures, heure à laquelle la réunion débute effectivement, malgré l'absence de deux experts. Salim ouvre la séance par le rappel des échéances du projet et fait le bilan des réalisations effectuées sur la période écoulée. Cette présentation donne lieu aux premières demandes de précisions des experts présents – sur des sujets qui ne les concernent pas forcément –, ce qui ralentit le rythme de la réunion.

Très vite, le débat s'oriente vers des points de détail et les discussions croisées se multiplient. L'arrivée d'un des retardataires à 10 h 45 permet à Salim, après une synthèse récapitulative, de reprendre – difficilement – le contrôle du groupe. Il aborde alors le « temps fort » de la réunion, qui est le choix du vitrage de la serre.

Le spécialiste du sujet fait une longue présentation de chacune des trois solutions pour le vitrage, en précisant leurs caractéristiques techniques, leurs avantages et leurs inconvénients.

À 11 h 30, au milieu d'une discussion byzantine sur les mérites comparés des trois solutions, deux experts quittent la salle, suivis à 12 h 15 par le commanditaire, qui demande à Salim de « faire le meilleur choix » et de lui fournir dans les jours qui viennent un compte rendu minutieux de la réunion. La séance se termine enfin à 13 heures, sans aucun consensus sur une solution (par défaut, le choix de l'équipe se porte sur la plus chère).

Non seulement les objectifs de la réunion n'ont pas été remplis, mais en plus, le rapport copieux (pour restituer l'intégralité des points de vue) que doit rédiger Salim lui prend une bonne demi-journée de travail ! Il jure, mais un peu tard, qu'on ne l'y reprendra plus...

—— **Les questions-clés** ————————————————————————

Salim a convoqué les participants du comité de pilotage sans avoir suffisamment préparé la réunion. Les objectifs de la séance n'ont par conséquent pas été atteints, et tout le monde a perdu son temps. Le chef de projet aurait pu se demander, avant ce premier comité :

?   Comment animer un comité de pilotage efficace ?

?   Comment préparer ce type de réunion de manière à garantir son succès ?

?   Comment faire prendre des décisions rapidement, dans le consensus ?

Pour un comité de pilotage efficace

Avant tout, il convient de rappeler que l'une des maladies chroniques des projets est l'absence de responsabilités clairement définies entre les niveaux de décision, de réalisation et de validation, et leurs instances associées. Le schéma de référence proposé à la fin de la pratique synthétise cette répartition des pouvoirs, gage d'un fonctionnement harmonieux du projet.

L'idéal est ainsi qu'un décideur unique (le sponsor) soit assisté dans ses prises de décision par un comité de pilotage, constitué de quatre managers choisis en fonction de leur valeur ajoutée dans le projet.

Si l'on reprend l'exemple du laboratoire semi-public de Salim, le comité de pilotage comportera, outre le commanditaire du projet (le directeur de recherche concerné), les quatre chefs de service de la direction, prestataires d'expertise (structure du bâtiment, éclairage et chauffage, irrigation, informatique).

En tant que chef de projet, vous ne faites pas partie du comité de pilotage au sens strict du terme – vous ne pouvez être à la fois juge (décideur) et partie (réalisateur) –, mais vous êtes sa cheville ouvrière. Ainsi, vous êtes responsable de la préparation de la réunion, de son animation et de la restitution des résultats sous la forme d'un relevé de décisions.

Les trois clés de la conduite d'un comité de pilotage efficace sont les suivantes :

- **cinq membres seulement**, dont le sponsor, président du comité et décideur ultime. Ce nombre (classique pour un comité exécutif dans les entreprises) permettra un arbitrage par le sponsor en cas de partage équilibré du groupe entre deux positions différentes ;

- **une durée limitée à une heure et demie**. La réunion mensuelle doit être planifiée sur un semestre, de préférence à jour fixe (le premier mardi du mois par exemple), et doit toujours se dérouler le matin, soit de 9 h 30 à 11 heures (choix préférable), soit de 11 heures à 12 h 30. Commencez et terminez à l'heure, quoi qu'il advienne ;

- **un temps spécifique pour la prise de décision**. Idéalement, allouez une demi-heure à la situation du projet, une demi-heure à la présentation du ou des deux points sur lesquels le comité doit statuer et une demi-heure à la prise de décision.

De l'art d'impliquer les décideurs

Si la préparation représente en général 50 % du succès d'une opération, ce chiffre passe à 70 % au moins pour un comité de pilotage. Se tenir au courant de l'avancement d'un projet n'est pas chose facile pour les décideurs. Sollicités de toutes parts, ils ont peu de temps à consacrer à un sujet donné. Ils ont donc besoin avant tout d'une vue de synthèse du projet :

- Où en est-on par rapport au planning prévu ? S'il y a du retard, comment s'explique-t-il et comment va-t-il être résorbé ?

- Les ressources prévues sont-elles disponibles et adaptées au besoin (en quantité et en qualité) ? Comment est le moral de l'équipe projet ? Et celui des utilisateurs-clés ?

- Quels sont les risques majeurs à venir ? Que fait-on pour les anticiper ? S'ils survenaient, quelles seraient les actions correctives mises en place ?

Dans ces conditions, vous devriez réussir à impliquer les décideurs et faire en sorte que le comité de pilotage leur apporte l'information recherchée, tout en contribuant à améliorer leur image du projet. Deux actions sont recommandées, qui sont bien évidemment à votre charge : la rédaction d'un document de synthèse et la rencontre des membres du comité un par un.

Une semaine avant le comité de pilotage, faites parvenir à chacun des membres un document de synthèse sur la situation du projet à date qui comporte :

- le point sur l'avancement du projet (à partir d'un planning à barres), avec l'indication du statut (en avance, conforme, en retard) ;
- les faits marquants de la période (en termes de conception ou de réalisation), qui concernent l'équipe projet et les utilisateurs-clés ;
- le bilan des actions correctrices convenues lors du dernier comité de pilotage, et les raisons pour lesquelles elles n'ont éventuellement pas été réalisées ;
- la situation des ressources internes et externes, sur les plans quantitatif et qualitatif ;
- le ou les deux problèmes à traiter et à arbitrer en séance, avec un bref descriptif et des pistes de solution.

Accompagnez cet envoi d'un message précisant la nécessité d'une rencontre personnalisée avec chacun (rencontre physique ou, à défaut, entretien téléphonique), dans le but d'aborder les points plus spécifiques les concernant. Cette entrevue n'est pas nécessaire avec le sponsor.

Deux jours au plus tard avant le comité de pilotage, procédez aux entretiens individuels avec chacun des quatre membres (autres que le sponsor), de la manière suivante :

- faites-vous accompagner d'un utilisateur-clé, issu des équipes du décideur rencontré ;
- respectez la durée convenue pour l'entretien (au moins trente minutes) ;

- abordez d'emblée les points spécifiques, et laissez le décideur s'exprimer pour mieux identifier ses attentes et ses besoins à ce stade du projet ;
- notez ses premières réflexions concernant les problèmes à traiter lors du prochain comité ;
- mettez en valeur la contribution des collaborateurs du décideur, et faites remonter leurs préoccupations.

Savoir faire prendre les décisions

Il n'est pas facile, pour un chef de projet, de faire en sorte que des décisions soient prises rapidement dans le consensus, en particulier lorsque le sujet prête à discussion, voire au conflit. La méthode suivante, souvent expérimentée dans ce type de contexte, peut être utilisée avec profit. Elle comporte sept étapes :

- rappelez le ou les objectifs en les marquant sur un *paper board* (de un à trois objectifs exprimés par un verbe à l'infinitif, synonyme d'action), et faites-les approuver par le groupe ;
- rappelez brièvement le contexte, en notant les grandes lignes sur le *paper board* (privilégiez les faits, les chiffres et les références), et faites-le approuver par le groupe ;
- faites identifier au groupe les critères de choix discriminants pour prendre la décision (trois critères, classés par ordre d'importance décroissante, par exemple le coût, la simplicité et la flexibilité), et faites approuver la liste définitive par le groupe ;
- faites produire au groupe des idées concrètes, réalisables et visibles à court terme sur le sujet de la prise de décision (demandez à chaque participant de noter trois idées par écrit, puis effectuez un tour de table) et listez-les sur le *paper board* ;
- regroupez les idées similaires pour obtenir une liste restreinte et notez le nombre de fois où chaque idée est évoquée afin de pouvoir ensuite les hiérarchiser facilement ;
- faites identifier pour chacune des deux idées arrivées en tête ses avantages et ses inconvénients. La méthode est transparente et indiscutable si vous ne prenez pas partie à ce stade pour une des idées ;

- à partir de ce bilan comparé, faites prendre la décision définitive. Si les quatre membres du comité de pilotage ne parviennent pas à se mettre d'accord, le sponsor endosse le rôle d'arbitre, et vous entérinez la décision.

Avec un peu d'expérience, cette méthode peut conduire à une prise de décision avec un bon niveau de consensus en une demi-heure. Testez-la avec votre équipe lors d'un comité de projet pour vous entraîner : vous serez surpris de son efficacité !

Les leçons de l'expérience

Animer un comité de pilotage n'est pas toujours facile, en particulier quand il existe des divergences de vue profondes entre ses membres. Il peut aussi arriver que le sponsor ne joue pas pleinement son rôle, et subisse les événements plus qu'il ne les anticipe. Enfin, c'est sans compter les jeux de pouvoir et les stratégies interpersonnelles… Pour toutes ces raisons, il est nécessaire que vous développiez vos talents de pilote et d'animateur. Préparez la réunion en rencontrant au préalable les personnes conviées, après leur avoir envoyé un document récapitulatif. Enfin, n'hésitez pas à adopter une démarche structurée pour faire prendre une décision.

Trois écueils à éviter

Élargir la composition du comité de pilotage pour y intégrer des leaders d'opinion
S'il est certainement utile d'obtenir leur adhésion, vous devez y parvenir par d'autres moyens. Plus un groupe est important, plus son pilotage est difficile.

Préparer un comité de pilotage par messagerie
Les responsables sont saturés d'e-mails et d'informations de tout type. Mieux vaut les rencontrer, même brièvement.

Privilégier les présentations thématiques pour exposer le projet sous toutes ses facettes
Le temps des décideurs est précieux, le vôtre aussi. Ne vous dispersez pas et limitez-vous à l'essentiel : vous y gagnerez en efficacité et en notoriété.

Trois conseils à méditer

N'hésitez pas à faire vos recommandations au sponsor sur le mode opératoire du comité de pilotage
Votre expérience est appréciable et sera appréciée : partagez-la avec le sponsor.

Préparez vos comités de pilotage en impliquant les décideurs
Si, grâce à votre préparation, la séance ne dure qu'une heure, les participants vous en sauront gré.

Conduisez les réunions en professionnel, en privilégiant la rigueur et la communication
N'hésitez pas à être directif dans la forme, vous êtes le garant de l'efficacité du comité.

Rôles et responsabilités : schéma de référence

	Responsable	Instance
Décision	Sponsor	Comité de pilotage
Réalisation	Chef de projet	Équipe projet
Validation	Leader de groupe	Utilisateurs-clés

Diffuser un bulletin d'information périodique

Le premier comité de pilotage vient d'avoir lieu, avec son lot de bonnes et de mauvaises nouvelles. Les relexperts, en activité, sont maintenant connus sur tous les sites concernés par le projet. Les informations commencent à circuler de bouche à oreille, avec les déformations habituelles que ce type de transmission engendre. Il est temps de réguler la communication autour du projet en éditant le premier bulletin d'information.

Histoire vécue

L'entreprise de l'est de la France dans laquelle travaille Guillaume est très performante, mais peu connue du grand public, malgré sa taille tout à fait significative. Il s'agit en réalité d'une fédération d'entreprises dont le point de départ fut la maintenance des premiers mobiles téléphoniques pour le compte des opérateurs téléphoniques. Au fil du temps, la société a grandi grâce aux rachats successifs de petites et moyennes structures.

Aujourd'hui, près de 1 300 personnes sont employées dans huit entreprises différentes, réparties sur dix sites en France. Avant d'aborder l'internationalisation, il est nécessaire d'harmoniser les outils de

communication interentreprises au sein de la fédération, et en priorité les logiciels de bureautique (traitement de texte, tableur et outil
de présentation). Trois types de solution coexistent en effet dans les
différentes sociétés. Après une étude de faisabilité, l'une d'elles est
retenue (elle équipe deux des huit entreprises, mais dans une version
déjà ancienne).

Le projet de migration comporte trois étapes :

*   première étape (d'une durée de trois mois) : mise en place de la nou-
    velle version dans les deux entreprises déjà équipées des logiciels
    retenus, pour tester sa qualité et vérifier l'absence de problèmes,
    en s'appuyant sur des utilisateurs déjà familiarisés avec les fonc-
    tions de base et l'ergonomie du produit ;

*   deuxième étape (d'une durée de quatre mois) : migration pilote dans
    deux autres sociétés vers les nouveaux logiciels, pour tester l'adap-
    tabilité des utilisateurs à des produits qu'ils ne sont pas habitués à
    utiliser ;

*   troisième étape (d'une durée de cinq mois) : déploiement sur les
    quatre autres sites des logiciels choisis, sur la base de l'expérience
    des sites pilotes.

Le projet doit être terminé au plus tard un an après son lancement,
compte tenu du calendrier des nouvelles acquisitions en Europe.

Guillaume est chargé de mener cette mission à bien. Titulaire d'un
diplôme de technicien supérieur en électronique, il a rejoint l'entreprise
à ses débuts sur une ligne de réparation de mobiles téléphoniques.
Resté fidèle à son métier d'origine, il a eu l'occasion de démarrer de
nouvelles lignes de réparation au fur et à mesure du développement de
l'entreprise et des évolutions technologiques.

À quarante-deux ans, il a le sentiment d'avoir exploré toutes les
facettes de son métier. Il a donc demandé il y a quelques mois à évoluer
vers l'informatique. Son sérieux et sa rigueur lui ont permis d'être sou-
tenu dans ce changement. Au bout de six mois d'immersion dans l'équipe
informatique sur différents projets, il est prêt à prendre davantage de
responsabilités. En l'occurrence, ce sera la réalisation des deuxième et
troisième étapes du projet (la première a été conduite avec succès par
un professionnel chevronné qu'il a accompagné et auprès de qui il s'est
formé).

Le projet est entre de bonnes mains, car on peut compter sur
Guillaume. Quand il entreprend une tâche, il la mène toujours à bien
dans les temps impartis. Même s'il n'est pas très loquace, ses collègues

l'apprécient vraiment, car il est toujours prêt à leur rendre service et ne compte ni son temps ni sa peine pour les aider lorsque ses compétences le lui permettent.

Bien préparées en amont, les deux migrations pilotes sont lancées à une semaine d'intervalle avec l'appui du correspondant informatique local. Guillaume partage son temps (une semaine sur deux) entre les deux sites.

Contre toute attente, les premiers utilisateurs sont déçus. La richesse des nouvelles fonctionnalités disponibles engendre une certaine complexité. L'ergonomie de la nouvelle version des logiciels est différente et parfois déroutante, eu égard aux habitudes prises auparavant. De plus, le tâtonnement des utilisateurs entraîne parfois des blocages des logiciels, voire leur fermeture inopinée. La rumeur de l'arrivée d'outils « inutilisables » se répand alors à toute vitesse dans les couloirs, les problèmes rencontrés étant amplifiés sur le thème « Pourquoi faire simple quand on peut faire compliqué ? ».

Guillaume reste cependant serein, car il sait que le temps fera son œuvre, et que les utilisateurs finiront par s'approprier le nouvel outil. Par conséquent, il trouve inutile d'aller « ennuyer » les managers des sites pilotes avec des péripéties inhérentes à ce type de projet. A fortiori, il n'envisage pas de perdre son temps à communiquer vers les sites concernés par la troisième étape.

C'est alors que le directeur d'un des deux sites le convoque pour savoir pourquoi « rien ne marche », tandis que l'autre se plaint au directeur financier de la holding d'un déficit d'information, et réclame un rapport hebdomadaire formel sur le projet. Guillaume sent le vent tourner...

_____ Les questions-clés _____

Guillaume a lancé l'installation de la nouvelle version des logiciels sans effectuer au préalable de communication autour du projet. Une campagne d'information pertinente aurait pourtant permis d'éviter à la situation de dégénérer.

? Comment associer les responsables locaux à l'avancement du projet ?

? Comment faire en sorte que les utilisateurs s'expriment de manière positive, en les mettant en valeur ?

? Comment informer sur la vie réelle du projet, avec ses hauts et ses bas ?

Le comité de rédaction

Dans tout projet, rien ne remplace vraiment un bulletin d'information périodique diffusé à tous les utilisateurs ainsi qu'à leurs managers. Si le projet dure un an, la périodicité de ce document sera bimestrielle (soit six bulletins au total sur la durée du projet) ; s'il dure plus d'un an, la périodicité sera bimestrielle ou trimestrielle.

Sa composition

En tout état de cause, c'est le sponsor qui est responsable de la communication du projet. Il doit donc présider un petit comité de rédaction qui comporte, outre le chef de projet, un des utilisateurs clés et le rédacteur (ce dernier peut être soit un représentant de la direction de la communication, soit un consultant externe). Le rédacteur est responsable de la production de chaque bulletin en temps et en heure, selon le planning défini à chaque comité de rédaction pour le numéro suivant.

Un utilisateur final, qui donne son avis sur les articles à paraître, peut aussi faire partie du comité de rédaction (il peut s'agir d'une personne différente à chaque fois).

Comment l'animer ?

Le rédacteur prépare un avant-projet du bulletin, qu'il fait parvenir à chacun des membres du comité de rédaction quarante-huit heures avant la réunion prévue. Il fait aussi office de secrétaire du comité.

La première partie du comité de rédaction (qui ne doit pas excéder une heure et demie au total) est consacrée à la finalisation du bulletin à paraître. Même si chaque participant est supposé avoir lu le projet, le rédacteur doit proposer de relire le document, rubrique par rubrique. Pour chacune des rubriques, il sollicite ensuite les modifications de forme requises. Tout en étant à l'écoute des uns et des autres, il contrôle le déroulement de la séance et tranche en cas de divergence entre les membres. Il est aussi le garant de la cohérence du bulletin de projet.

La seconde partie du comité de rédaction est destinée à la définition du contenu du prochain numéro : thème dominant, signataire de l'éditorial et personnes à solliciter pour les interviews comme pour l'article de fond.

Enfin, la séance se termine par la mise en place d'un rétro-planning à respecter, à partir de la date prévue pour la diffusion du bulletin suivant.

Coup de projecteur sur les utilisateurs

Dans la mesure où le projet est réalisé pour les utilisateurs, la communication leur est destinée.

Le format de référence recommandé est un A4 recto verso, avec une diffusion en deux temps : une version électronique du bulletin est envoyée à des relais locaux, qui assurent son impression et sa diffusion auprès des utilisateurs et des managers concernés. La version papier est préférable pour accroître les chances du bulletin d'être lu (par exemple durant les temps d'attente ou de transport).

Les rubriques à privilégier

Le bulletin est composé d'un éditorial, de deux interviews d'utilisateurs, d'un article de fond et de rubriques complémentaires.

L'éditorial, de quinze à vingt lignes en moyenne, est signé par un responsable (pour le premier et le dernier numéro du bulletin, il s'agit du sponsor). Il faut donc solliciter à chaque parution un manager dont les collaborateurs sont concernés par le projet. L'éditorial a pour objectif d'illustrer le thème retenu pour chaque numéro et de montrer l'implication du management dans le projet.

Deux interviews d'utilisateurs sont à réaliser en fonction du thème retenu. Une question prédéfinie, la plus ouverte possible, permet à l'utilisateur de s'exprimer et de donner le point de vue du terrain. Cette question peut éventuellement être la même pour les deux personnes sollicitées, selon le thème du bulletin. Sur le plan de la mise en page, il est souhaitable de faire figurer côte à côte les deux interviews, à la suite de l'éditorial, ce qui constituera la « une » du bulletin.

L'article de fond est écrit par un utilisateur-clé qui possède une très bonne connaissance à la fois du projet et de ses implications, mais aussi du terrain. Chaque numéro illustre un aspect du projet, en fonction de son avancement.

Les rubriques complémentaires peuvent être :

- deux à trois questions d'actualité pour les utilisateurs finaux, avec des pistes de réponses ;
- des brèves centrées en général sur les acteurs du projet ;
- un agenda des réunions ou des formations prévues ;
- un petit glossaire explicitant certains mots utilisés dans la lettre, s'ils sont spécifiques ou techniques ;

Que dire et sur quel mode ?

La règle d'or, en la matière, est de donner une vision juste de la réalité, donc de communiquer sur des éléments réels en bannissant la langue de bois. Si des échéances doivent être fournies, mieux vaut éviter toutefois d'être trop précis : il est préférable de donner un mois (voire un trimestre) plutôt qu'une date exacte.

Sur le plan de la rédaction des articles, le présent doit être privilégié, car il rend les informations « sûres » et d'actualité. Il faut bien évidemment utiliser un langage simple, qui puisse être compris de tous les utilisateurs, et proscrire les tournures alambiquées, les figures de rhétorique et le jargon technique. Enfin, une utilisation – très – mesurée des sigles et des mots anglais est vivement recommandée (en particulier dans les projets liés à des systèmes d'information).

Les utilisateurs ont la parole

Le moyen le plus sûr de valoriser les utilisateurs est de leur donner la parole, en toute liberté. Pour ce faire, les questions posées lors des interviews doivent refléter les vraies préoccupations du moment. Le rédacteur procède en trois temps.

Quelques jours après le comité de rédaction, il contacte par téléphone l'utilisateur pour :

- vérifier que son interlocuteur sait qu'il va contribuer au prochain bulletin de projet (les surprises sont fréquentes !) ;

* rappeler les raisons d'être du bulletin, le thème choisi pour le prochain numéro, son contenu et les contributeurs pressentis ;
* expliciter la ou les questions posées, en prenant des exemples (il doit s'assurer de leur bonne compréhension par l'interviewé) ;
* lui demander d'identifier trois idées concrètes en les notant noir sur blanc pour y réfléchir avant le prochain contact ;
* convenir d'un rendez-vous téléphonique de trente minutes une semaine plus tard, pour procéder à l'interview.

À la date et à l'heure convenues, le rédacteur effectue l'interview par téléphone en respectant les étapes suivantes :

* il reformule l'objectif poursuivi et le résultat attendu (« il s'agit d'un projet d'article qui sera mis en forme en respectant le contenu et le ton de vos propos ») ;
* il demande à l'utilisateur d'exprimer dès le début les trois idées à développer pour avoir des points de repère tout au long de l'entretien ;
* il prend des notes tout au long de l'interview ;
* il informe son interlocuteur de la suite du processus avant de prendre congé.

Enfin, le rédacteur met en forme l'article en respectant le nombre de caractères alloués. Il l'envoie ensuite par e-mail pour relecture à l'interviewé, afin que ce dernier puisse éventuellement effectuer des ajustements. L'article finalisé est ensuite soumis au comité de rédaction.

Au plus près de la réalité

Le bulletin périodique doit bien sûr décrire la vie réelle du projet. Ce qui paraît être une évidence est pourtant très difficile à réaliser : quelles informations choisir pour donner la vision la plus proche possible de la réalité ? Faut-il passer sous silence aujourd'hui un problème avéré alors qu'il sera réglé demain ? Quelle est la juste tonalité à adopter, au fur et à mesure des péripéties du projet ?

Les premiers temps

Le premier numéro du bulletin est à la fois le plus facile à réaliser (en raison de la proximité du séminaire de lancement), et l'un des plus délicats. En effet, prenez garde à l'excès d'enthousiasme quant à la réussite du projet, classique à ce stade.

Concrètement, les principaux thèmes du séminaire seront repris dans ce numéro (qui paraîtra peu de temps après), en les ajustant compte tenu de la manière dont se seront déroulées les premières semaines du projet. Il est important à ce stade :

- de fournir une vision claire des principaux jalons qui conditionnent le chemin critique du projet, par exemple dans l'éditorial ;
- de donner la parole à deux utilisateurs (dans le cas de Guillaume, le premier sera choisi sur le site pilote et le second sur le premier site déployé ensuite) ;
- de préciser le rôle des utilisateurs-clés et leur importance en tant que représentants de leurs collègues (du même métier ou du même secteur). Ce dernier point peut être l'objet de l'article de fond.

Lors des avis de tempête

Lorsque le vent se lève et que, comme un malheur n'arrive jamais seul, les problèmes s'enchaînent, que dire des dysfonctionnements rencontrés ?

Le projet a dérapé, ce qui est hélas fréquent : « spécifications rampantes » qui déforment le périmètre initial, défaillance d'un sous-traitant, sous-estimation de la complexité, équipe déstabilisée par le départ d'un élément clé… Ces éléments peuvent même se combiner et entraîner un retard sur les délais initiaux et une augmentation du coût du projet.

Comment éviter d'affoler les utilisateurs ?

- Tout d'abord, ne différez en aucun cas la parution du bulletin par rapport au planning de parution prévu, sous peine d'alimenter les rumeurs.
- Sachez faire preuve de transparence, en reconnaissant les problèmes constatés sans minimiser leur portée, mais en précisant les actions prévues pour y remédier.

• Évidemment, faites suivre l'annonce des difficultés d'effets positifs visibles à très court terme, faute de quoi l'équipe projet et le rédacteur seront décrédibilisés. Retrouver une image positive aux yeux des utilisateurs risque alors de prendre du temps !

Le pilote : une étape cruciale

Les difficultés ont finalement été surmontées et le retard a été rattrapé. Le projet est prêt à subir l'épreuve de la réalité avec la mise en œuvre du pilote : c'est le moment de vérité.

Paradoxalement, la communication devient alors plus facile. En effet, personne ne s'attend à un « zéro défaut ». Le pilote est là pour tester la solution, s'assurer de l'adéquation du résultat obtenu aux besoins spécifiés à l'origine, évaluer la réceptivité sinon la satisfaction des utilisateurs finaux, soit, en un mot, « essuyer les plâtres ».

Un numéro entier sera donc consacré à cette étape décisive, il sera le plus factuel possible. Mieux vaut mettre en exergue les difficultés rencontrées – personne ne s'en étonnera – que de chanter les louanges d'une solution qui risque d'être contestée (il y a toujours des mécontents…). Bien sûr, il faudra préciser les actions correctrices à réaliser et tirer des leçons de cette installation pour le futur déploiement du projet.

Les leçons de l'expérience

Diffuser un bulletin d'information périodique du projet est impératif. S'il est du ressort du sponsor d'animer la communication du projet, le chef de projet est responsable de la rédaction du bulletin de projet, tandis qu'un rédacteur – interne ou externe – est chargé de sa réalisation. Le bulletin donnera principalement la parole aux utilisateurs, tout en retraçant fidèlement la situation du projet à chaque étape.

Dans ce domaine sensible, le professionnalisme est indispensable : mieux vaut ne rien faire que de rédiger à la va-vite deux pages sans intérêt !

Trois écueils à éviter

Produire un rapport synthétique sur l'avancement du projet en se passant de comité de rédaction
Donnez impérativement la parole aux utilisateurs, ils se sentiront davantage impliqués dans le projet.

Privilégier l'actualité immédiate en éditant un bulletin mensuel
C'est une erreur ! Il est préférable de se donner du temps entre deux bulletins (deux mois en général) pour fournir une information à valeur ajoutée, et « amortir » si besoin les aspérités du projet.

Développer dans le bulletin des points techniques qui n'intéressent que l'équipe de réalisation
Mettez-vous toujours à la place des lecteurs (les utilisateurs finaux) et fournissez-leur des informations qui les intéressent.

Trois conseils à méditer

Faites appel à un professionnel (en interne ou hors de l'entreprise) pour réaliser le bulletin de projet
Le soutien d'un professionnel est une garantie d'efficacité et de succès, pour autant que le comité de rédaction le pilote correctement.

Privilégiez la sobriété, dans la forme et dans le ton
Une formulation sobre est une autre manière de faire comprendre à tous que le projet est sous contrôle, c'est-à-dire géré de manière rigoureuse.

Appuyez-vous encore et toujours sur les utilisateurs-clés et sur les utilisateurs finaux du projet
Dans la mesure où le projet est réalisé pour eux, associez-les le plus étroitement possible à la communication du projet.

Structure d'un bulletin de projet

RECTO (page 1)

Éditorial
....
....
....
Hercule Martin Directeur

Sous le feu des projecteurs

Question (par exemple : le projet XXX a été pour vous l'occasion de...
Pouvez-vous nous parler de cette expérience ?)

....

....

....

Jean D., utilisateur final (titre et lieu)	Charlotte V., utilisatrice finale (titre et lieu)
....	....
....	....
....	....

VERSO (page 2)

Zoom
(article de fond)

....

....

....

Claudine R.
Utilisatrice-clé

Questions/Réponses

....

....

....

Brèves	Glossaire
....	....
....	....
....	....

Animer un club d'utilisateurs

La réalisation du projet a suivi son cours, avec des hauts et des bas. Les difficultés majeures ont pu être surmontées. Et même si du retard a été pris – comme c'est fréquemment le cas –, le pilote vient finalement d'être mis en place. L'équipe projet s'est investie totalement pour franchir avec succès cette étape cruciale. Les derniers problèmes ont pu être résolus ou contournés, et tout fonctionne ! C'est le moment de créer un club d'utilisateurs.

Histoire vécue

Xavier vient de fêter ses trente-six ans. Diplômé d'une grande école d'ingénieurs, il a complété sa formation par deux années d'études aux États-Unis dans une université de la côte Est, couronnée par l'inévitable MBA (Master of Business Administration).

Recruté sur place par un grand cabinet d'audit et de conseil, il y a appris son métier durant cinq ans. Il est ensuite rentré à Paris dans la filiale française comme manager, et s'est spécialisé dans les missions d'externalisation des processus comptables des entreprises.

Sollicité par un chasseur de têtes, il a quitté le cabinet il y a dix-huit mois pour devenir responsable des services comptables et financiers de la direction régionale Île-de-France d'une grande entreprise de travaux publics.

Cette entreprise regroupe toutes les activités liées à la construction des routes :

- les infrastructures (routes et autoroutes, aéroports...) ;
- le bitume (transformation, usage et vente de produits) ;
- les domaines connexes (génie civil, électricité, canalisations et signalisation).

L'entreprise est organisée en unités, qui correspondent aux sociétés absorbées au fil du temps. Elles ont gardé pour la plupart leur identité d'origine. Les directions régionales assurent toutes les opérations administratives et tous les traitements comptables, à partir de la signature des marchés. Elles fournissent en retour les tableaux de bord permettant aux unités de gérer leur activité.

Xavier a été embauché principalement pour piloter l'externalisation de la fonction comptable de toutes les directions régionales (naturellement, la direction Île-de-France sera pilote). Ce projet d'envergure comporte trois phases (la troisième est actuellement en cours) :

- Durant la première phase, Xavier a pris en mains l'équipe du service comptable Île-de-France (le plus important en volume d'activité et en effectif) et a préparé l'externalisation en rédigeant un cahier des charges très complet. Un appel d'offres à destination des prestataires spécialisés a ensuite été émis. Les réponses ont été dépouillées sur la base de critères discriminants « pointus », pour retenir la plus intéressante en termes de conditions contractuelles et de prix. Cette phase, prévue pour durer douze mois, a été terminée dans les temps, à la satisfaction du directeur financier du groupe, sponsor du projet.
- Durant la deuxième phase, l'externalisation du site pilote a été réalisée. Il a fallu trouver une solution convenable pour chacun des seize collaborateurs dont le poste de travail était supprimé. Après une large concertation et avec l'appui de la direction des ressources humaines du groupe, cet objectif a été atteint. Cela étant, les délais prévus avaient été sous-estimés, et la recette du site pilote n'a pu être prononcée qu'au bout de neuf mois, au lieu des six prévus (sans dégâts toutefois sur le plan social, ce qui est très appréciable).
- La troisième phase, encore en cours, consiste à effectuer l'externalisation des six autres directions régionales en douze mois (sachant que l'étude de la réorientation du personnel concerné a débuté dès la deuxième phase, ce sujet étant plus épineux en province que dans la région parisienne). Elle commence par un séminaire de lancement réunissant les homologues de Xavier, à son instigation, avec le

support et la présence du sponsor du projet, patron des responsables des services comptables et financiers de toutes les directions régionales.

À ce stade du projet, Xavier considère qu'il a largement rempli son contrat. Certes, il agace parfois son responsable et ses pairs avec cette manie – acquise dans sa vie professionnelle antérieure – de se délecter de sigles tout en pratiquant un jargon anglicisant qui surprend toujours : « Il faut transférer le BAU[1] à l'outsourceur[2] et mettre le focus sur les KPI[3]. » Cependant, il est organisé, efficace et volontaire, et il réussit !

Pendant toute la deuxième phase du projet, Xavier s'est bien gardé – par prudence tout autant que par conviction – de publier un bulletin d'information. Naturellement, il a pris soin de tenir au courant tous les quinze jours son responsable comme ses collègues de province de l'avancement du projet, *via* un rapport de synthèse transmis par e-mail. De plus, il a chaque mois organisé pour ses pairs une conférence téléphonique de trente à quarante-cinq minutes (sans aucune obligation de participation), pour répondre aux questions posées au préalable *via* la messagerie et en direct. Le succès de cette initiative fut pour le moins mitigé, la conférence téléphonique ne rassemblant au mieux que la moitié des participants.

Xavier convient alors qu'il est temps d'accroître la communication autour du projet. Lors du séminaire de lancement (pour le déploiement complet de la solution validée), il propose de créer un forum électronique que chacun pourra à tout moment alimenter de ses questions. Il s'engage à y répondre le jour même si elles lui parviennent avant 19 heures. Passionné de technologie, il est fortement convaincu de la supériorité du média électronique sur le support papier. S'il n'a pas encore créé de blog au travail, c'est tout simplement que sa hiérarchie n'en veut sous aucun prétexte...

En un rien de temps, il crée le forum (il l'avait préparé avant le séminaire pour montrer sa réactivité). Tout joyeux, il l'active la semaine suivante et l'annonce en fanfare. Au bout de quinze jours, il n'a pas eu une seule question... Désappointé, il envoie alors un message de rappel, et reçoit en retour quelques coups de fil prolongés sur les problèmes rencontrés et

---

1. *Business As Usual.*
2. Mot issu de *outsourcing*, qui signifie « externalisation », soit ici le prestataire choisi.
3. *Key Performance Indicators.*

les difficultés de prise en main de la solution par les utilisateurs finaux. Progressivement, le forum est oublié, alors que les appels redoublent : ces derniers concernent des récriminations mais aussi des retours d'expérience positifs. Xavier les répercute à son tour par téléphone aux responsables régionaux.

_____ **Les questions-clés** _____

Enthousiasmé par l'aspect moderne et pratique du forum, Xavier n'a pas réfléchi plus avant sur la manière dont l'outil allait être accueilli par les utilisateurs finaux. Cette solution n'était pourtant pas une mauvaise idée, mais elle aurait dû accompagner la création d'un club d'utilisateurs et non être mise en place seule.

? Comment créer un club d'utilisateurs en s'appuyant sur le succès des pilotes réalisés ?

? Comment favoriser l'échange de bonnes pratiques au fur et à mesure de l'avancement du projet ?

? Comment enrichir le patrimoine d'expérience pour qu'il serve de référentiel en cours de déploiement, et au-delà du projet ?

Bienvenue au club !

Pour tout projet d'une durée significative (un an et plus) concernant des utilisateurs éparpillés sur plusieurs sites, il est souhaitable de créer un club d'utilisateurs. Ce dernier rassemble des utilisateurs du projet (quels que soient leur provenance et leur domaine professionnel), afin qu'ils partagent leur expérience et leurs savoir-faire.

Il appartient au sponsor de l'initialiser, et au chef de projet de l'animer jusqu'à la fin du projet. À ce moment, vous passerez le flambeau à un manager concerné, qui s'appuiera sur les utilisateurs-clés.

Des avantages pour tous

En tant qu'instance de partage entre utilisateurs, le club se doit de réunir au moins trois catégories d'utilisateurs pour chaque site concerné : un à deux utilisateurs-clés, un à deux représentants des utilisateurs finaux et au moins un manager concerné.

© Groupe Eyrolles

Tous ont quelque chose à gagner dans un tel club :

- il constitue d'abord un lieu privilégié pour trouver rapidement des informations spécifiques sur l'avancement du projet ;
- pour le sponsor et pour l'équipe projet, il représente un moyen efficace de développer la motivation des futurs utilisateurs afin qu'ils s'approprient au mieux le projet ;
- il permet de détecter les nouveaux besoins et les évolutions souhaitables (pour une version ultérieure du projet) ;
- il peut constituer un moyen de pression des utilisateurs sur l'équipe projet. Mieux vaut que les éventuels mécontentements s'expriment dans cette enceinte, plutôt que d'alimenter la rumeur publique ;
- il offre enfin aux utilisateurs finaux l'opportunité d'accroître leurs compétences, et d'enrichir leur réseau de relations internes.

En pratique

Concrètement, pour un projet se déployant sur deux ans, il est recommandé de réunir le club d'utilisateurs tous les trimestres, dès la recette du pilote effectuée. Il faut bien sûr que la mise en œuvre du pilote soit considérée comme une réussite ou que des mesures aient été appliquées pour remédier aux dysfonctionnements rencontrés.

Sept étapes sont à respecter pour créer un club d'utilisateurs :

- annoncez lors du séminaire de lancement qu'un club d'utilisateurs sera mis en place dès la réalisation du pilote, en précisant ses objectifs (pourquoi), son contenu (quoi) et son mode opératoire (comment) ;
- identifiez dès que possible les personnes pressenties pour appartenir au club sur les différents sites et informez-les personnellement de cette opportunité (d'abord par courrier, puis en face à face), sans oublier d'impliquer leur hiérarchie ;
- lorsque l'équipe projet a une bonne visibilité de la date de la recette du site pilote, fixez la date, le lieu et les modalités de la première réunion (ou séminaire) du club d'utilisateurs. Prévoyez une journée et demie (le séminaire débutera le premier jour à 12 heures et se terminera le second à 17 heures), vous laisserez ainsi une large place aux échanges, au-delà des présentations classiques ;

- annoncez la première réunion du club d'utilisateurs dans le bulletin de projet le plus proche de la date, et restituez l'essentiel des débats et des conclusions dans le bulletin suivant, quitte à faire éventuellement paraître un numéro spécial sur le sujet ;

- préparez la réunion de manière professionnelle (fil conducteur, intervenants « à valeur ajoutée », horaires, travaux en sous-groupes et restitution en session plénière, régulation des débats) ;

- relancez astucieusement les participants pour vous assurer de leur venue (par e-mail quinze jours avant la date fixée, et si possible par téléphone une semaine avant).

Comment animer un club d'utilisateurs ?

Sous votre direction, les membres du club analyseront tout d'abord le déroulement du ou des pilotes et le bilan produit à chaque étape en se posant les questions suivantes :

- Qu'est-ce qui a bien fonctionné et pourquoi ?

- Qu'est-ce qui a posé des difficultés et pourquoi ?

- Quelles solutions ont été trouvées pour remédier aux dysfonctionnements constatés et avec quel résultat ?

- Quelles ont été les ressources engagées ? Étaient-elles suffisantes et pertinentes ?

- Quelle a été la communication sur place ?

- Comment les utilisateurs-clés ont-ils relayé la formation auprès des utilisateurs finaux ?

- Quelle perception les utilisateurs finaux ont-ils du projet, et comment a-t-elle été mesurée ?

- Quelles sont les leçons de l'expérience ?

Il est évident que le partage de toutes ces informations passe par des débats de vive voix entre les utilisateurs, actuels et futurs, sous la forme de rencontres périodiques d'un ou deux jours, selon la dimension du projet. Vous trouverez en fin de pratique une charte de fonctionnement du groupe à afficher lors des réunions.

Un forum électronique peut-être utile pour faire vivre l'information entre deux réunions, mais seulement à titre de complément.

L'échange des bonnes pratiques

La finalité du club d'utilisateurs est de s'enrichir des bonnes pratiques mises en place dans les autres sites, tout en partageant les siennes. Il s'agit aussi bien des bonnes pratiques organisationnelles, fonctionnelles ou techniques que de l'accompagnement du changement. Certes, tous les projets ne comportent pas un tel éventail de bonnes pratiques. Cependant, soyez assuré que, dans chacun de ces domaines, il y aura amplement matière à échanger des retours d'expérience.

Les bonnes pratiques organisationnelles

S'il y a un domaine où le besoin de confronter les expériences est crucial, c'est bien celui de l'organisation. Les bonnes pratiques organisationnelles peuvent être :

- la mise en place de nouveaux processus (comme dans le cas de Manuel, qui doit équiper une flotte de camions d'une solution de géolocalisation, cf. pratique n° 3) ;
- la restructuration des équipes lors de l'externalisation d'une fonction (comme dans le cas de Xavier, qui doit externaliser la fonction comptable des directions régionales d'une entreprise de transport routier) ;
- la redéfinition des responsabilités pour s'adapter à un nouveau poste de travail (comme dans le cas de Damien, qui doit concevoir un nouveau type d'agence bancaire, cf. pratique n° 2).

Les bonnes pratiques fonctionnelles ou techniques

Ici, également, rien ne remplace l'expérience pour s'approprier un projet. Il peut s'agir :

- d'une bonne pratique fonctionnelle, par exemple la mise en œuvre de nouvelles règles de gestion (comme dans le cas de Patrick, qui doit installer un progiciel de GPAO chez un fabricant de meubles, cf. pratique n° 4). C'est le cas le plus fréquent ;
- d'une bonne pratique technique, par exemple la réalisation d'un microplanning lors de la bascule d'un site (comme dans le cas de

Guillaume, qui doit faire migrer les postes de travail d'une fédération d'entreprises sur un progiciel commun de bureautique, cf. pratique n° 7).

Les bonnes pratiques d'accompagnement du changement

Dès que la dimension humaine entre en compte dans un projet, il n'existe pas de solution unique à appliquer (et ce, quelle que soit votre expérience). Seule la confrontation avec la réalité permet de trouver l'approche la plus adaptée. Cela concerne par exemple :

- le pilotage d'un projet (comme dans le cas de Salim, qui doit concevoir une serre innovante dans un établissement de recherche, cf. pratique n° 6) ;
- la réalisation d'un plan de communication (comme dans le cas de Julie, qui aurait pu avec profit réaliser son enquête de satisfaction auprès des clients eux-mêmes, cf. pratique n° 9) ;
- la formation (comme dans le cas de Pascale, qui doit mettre en place une formation pour un réseau d'acheteurs chez un fabricant européen de produits de beauté, cf. pratique n° 5).

Enrichir le patrimoine d'expérience

C'est l'un des bénéfices majeurs du club d'utilisateurs, aussi bien durant le projet (pour les sites concernés une fois que le pilote est validé) qu'après. En effet, quels que soient la nature du projet et son degré de complétude en fin de parcours, il y aura toujours des améliorations à apporter pour tirer davantage parti des développements mis en place.

Place à l'amélioration continue

Même avec une réalisation de qualité, il subsiste toujours des imperfections à corriger, comme le manque d'information et de documentation destinées aux utilisateurs, ou le peu d'échanges entre les différents sites, voire la complexité de la solution. De plus, de nouveaux besoins sont exprimés par les utilisateurs au fur et à mesure de l'avancement du projet, et ils doivent être pris en compte. Cela implique de mettre en place un programme officiel et structuré d'amélioration continue, qui répondra aux objectifs suivants :

- examiner et réaliser toutes les optimisations possibles, en sachant qu'il faudra faire preuve de patience avant d'obtenir des résultats ;
- partager plus que jamais l'expérience entre tous les sites où le projet a été mis en œuvre, c'est un gage de succès dans la durée ;
- poursuivre les efforts d'amélioration sans relâche en se souvenant que la réussite passe par l'engagement de chacun.

Une fois ce programme défini et approuvé par le sponsor, il convient à la fois de désigner un nouveau responsable qui va prendre le relais du chef de projet et de faire évoluer le club d'utilisateurs de la manière suivante :

- en réduisant l'effectif du club (c'est le moment de privilégier les utilisateurs clés, car leur expérience doit impérativement être utilisée) ;
- en définissant les thèmes de travail et les priorités ainsi qu'un plan d'actions annuel ;
- en favorisant des groupes de travail transverses aux sites regroupant les spécialistes et experts concernés par l'amélioration prévue, tout en maintenant périodiquement une session plénière (par exemple deux fois par an).

Une communication régulière

De nouveaux moyens de communication pourront être utilisés, comme des dossiers thématiques (avec un rythme de publication semestriel) ou un bilan annuel des améliorations réalisées.

Pour l'information au jour le jour, la formule qui convient le mieux consiste à utiliser :

- une plate-forme collaborative avec un espace dédié au processus d'amélioration continue ;
- un forum sur lequel les questions pourront être traitées soit au fur et à mesure de leur arrivée, soit toutes les semaines.

Ces deux éléments permettront de regrouper les demandes voisines et d'optimiser le temps de la personne qui se chargera d'animer le forum et de répondre aux questions.

Les leçons de l'expérience

Dans un projet de grande ampleur, il est souhaitable de créer un club d'utilisateurs afin de partager les bonnes pratiques mises en place au cours du projet et d'effectuer un bilan des actions entreprises.

Ce club se transformera, après la recette définitive, en une instance de pilotage d'un processus d'amélioration continue, qui enrichira le patrimoine d'expérience de l'entreprise.

Trois écueils à éviter

Attendre que le projet soit terminé pour constituer un club d'utilisateurs
Il sera malheureusement trop tard. Le club doit être lancé dès la fin du pilote, et fonctionner tout au long du projet, puis au-delà.

Partager les bonnes pratiques par le biais du bulletin ou *via* un forum électronique
Mieux vaut réunir et faire s'exprimer les utilisateurs de vive voix que de s'en remettre à des médias, qu'ils soient papier ou électronique.

Développer des points trop techniques
Il faut s'en tenir à la vie du projet, à ses difficultés comme à ses succès.

Trois conseils à méditer

Définissez le déroulement des réunions du club, en alternant apports d'informations et débats
Cette rigueur est une garantie d'efficacité, pour autant que le contenu de la réunion ait été validé au préalable par les utilisateurs-clés.

Faites preuve de professionnalisme dans la préparation et l'animation des réunions du club
Il y va de l'image du projet et de la motivation des participants. Il est capital qu'ils retirent un bénéfice de ces réunions, pour eux mais aussi pour l'entité qu'ils représentent.

Communiquez, encore et toujours, sur les retours d'expérience
Le club travaille pour tous les utilisateurs. Mettez en place les canaux les plus appropriés pour diffuser le patrimoine d'expérience.

Guide pratique de l'animateur

Les règles de fonctionnement du groupe

À afficher et à faire respecter par l'animateur

LIBERTÉ	Exprimez-vous. Prenez la parole. Dites ce que vous avez à dire.
ÉCOUTE	Écoutez les autres. Comprenez leur point de vue. Ne leur coupez pas la parole.
RESPECT DES AUTRES	Évitez les opinions toutes faites. Évitez les jugements de valeur.
IMPLICATION	Participez, questionnez. Vérifiez que vous avez été compris. Dites « je » et non « on ».
ESPRIT POSITIF	Adoptez une attitude constructrice. Aidez l'animateur : faites preuve de bonne volonté.

L'animateur → un pilote pour le groupe

SOYEZ DIRECTIF SUR LA FORME	Canalisez les énergies, recentrez les débats, contrôlez les dérives. Gérez le temps imparti à la réunion. Faites respecter les règles et la méthode.
NE SOYEZ PAS DIRECTIF SUR LE FOND	Restez neutre, n'influencez pas les débats. Évitez les comportements manipulateurs. Employez le même langage que les participants (utilisez leurs propres termes).

Mesurer la satisfaction
en fin de projet

Le projet est sur le point de s'achever. Son déploiement s'est effectué conformément aux prévisions, à quelques aléas près. L'équipe projet et les utilisateurs clés se sont appuyés sur l'expérience du pilote dans un premier temps, puis sur celle des sites installés au fur et à mesure. Le dernier site est en cours de recette, il est temps de faire un premier bilan et de procéder à une enquête d'opinion auprès des utilisateurs finaux du projet.

Histoire vécue

À quarante-deux ans, Julie est l'une des responsables après-vente (entretien préventif et réparation des véhicules) de la direction commerciale d'un grand importateur automobile. Cette société est bien positionnée sur les véhicules haut de gamme, mais son image a quelque peu souffert des ennuis « de jeunesse » de la dernière série lancée l'année écoulée. Des problèmes à répétition sur l'électronique embarquée ont contraint le constructeur à rappeler tous les véhicules livrés les six premiers mois suivant le lancement, qui avait été comme d'habitude réalisé en fanfare.

Par ailleurs, de nombreux clients se plaignent de la mauvaise qualité de l'accueil et de la réception des véhicules en atelier le matin (dans la tranche horaire de 8 heures à 9 h 30, celle pour laquelle l'affluence est la plus grande) :

- heure d'ouverture trop tardive (certains clients arrivent dès 7 h 30 pour être sûrs de passer parmi les premiers) ;
- temps d'attente beaucoup trop long (trente minutes en moyenne) ;
- locaux peu adaptés et bruyants ;
- services inexistants ;
- manque d'amabilité des réceptionnistes, toujours débordés et parfois stressés.

Ces récriminations ont été recensées par les directeurs des différentes succursales à la suite d'un audit réalisé dans tous les pays d'Europe. Elles ont conduit à la mise en place d'un programme européen d'amélioration de la qualité du service rendu aux clients dans l'après-vente. Ce programme s'est traduit, en particulier, par trois actions majeures à réaliser dans chacune des succursales :

- le renforcement de l'effectif d'accueil des véhicules entrant dans l'atelier durant la période critique identifiée, avec une réception ouverte dès 7 h 30 (cela suppose la disponibilité du personnel d'accueil dès 7 heures) ;
- la formation sur le thème de l'amélioration de la qualité du service (dont l'accueil, le premier de tous les services) pour l'ensemble du personnel au contact avec des clients ;
- la conception et l'installation d'un salon d'accueil standard pour faire patienter agréablement les clients sans qu'ils aient le sentiment de perdre leur temps.

Pour sa part, Julie a pris en charge le projet « salon d'accueil », qu'elle a piloté de main de maître jusqu'à l'installation de la dernière succursale. Le salon prend place à côté des bureaux des réceptionnistes, tout en étant isolé d'eux par une cloison transparente. D'une superficie de 20 m², ouvert sur l'extérieur, il offre :

- un mobilier confortable (identique dans toutes les succursales), conçu pour des adultes d'une certaine corpulence, avec quatre fauteuils, une table basse et un porte-revues ;
- un bar mural avec quatre tabourets, permettant soit de prendre une boisson, soit de travailler sur un ordinateur portable (à ce titre, le salon est équipé d'une borne Wi-Fi fournissant un accès haut débit illimité à Internet) ;

© Groupe Eyrolles

- un petit réfrigérateur rempli de boissons fraîches, ainsi que deux récipients isothermes (l'un avec du café et l'autre avec de l'eau chaude pour le thé). Un plateau de petites viennoiseries doit par ailleurs être disposé sur la table basse ;
- un grand écran mural de télévision diffusant une chaîne d'information en continu, en alternance avec une chaîne de sport.

La décoration gris argenté et blanc cassé projette à la fois une image de confort et de sobriété, et l'isolation phonique est de qualité.

Cette rénovation de l'accueil a été bien accueillie par les responsables locaux en général, malgré la gêne occasionnée par les travaux. Le planning prévisionnel a été respecté à deux mois près. Il est temps de faire un bilan de l'opération, Julie en est chargée.

Active, entreprenante, cette responsable aime les missions qui lui font rencontrer de nouveaux interlocuteurs et découvrir des horizons inconnus. Très spontanée, elle s'implique toujours au maximum dans son métier. Extravertie, elle n'aime pas travailler seule et saute rapidement d'une activité à l'autre. En bref, elle ne se sent bien que dans l'action.

Elle connaît parfaitement le réseau commercial et l'après-vente. Au fur et à mesure du déploiement des différents sites, elle a également été souvent sur le terrain, c'est le moment d'y retourner.

Julie choisit un échantillon de sept succursales, situées exclusivement dans les grandes métropoles régionales : Bordeaux, Lille, Lyon, Marseille, Rennes, Strasbourg et Toulouse. Elle prend rendez-vous dans chaque lieu avec le responsable d'atelier (et son équipe de réceptionnistes), le chef comptable (et son équipe, en particulier les deux assistantes en charge de la facturation et de l'encaissement) et, naturellement, le directeur de la succursale.

Munie d'un questionnaire très structuré, elle entame son tour de France en enchaînant les visites pendant deux semaines consécutives. Arrivée sur chaque site à 7 h 30, elle observe pendant deux heures ce qui se passe à l'accueil, noue parfois la conversation avec un ou deux clients qui patientent, puis procède à ses interviews selon un horaire prédéfini. Elle effectue un point d'ensemble dans l'après-midi avec le directeur de la succursale. Ces visites sont épuisantes mais passionnantes, car le rythme des journées tranche avec la routine du siège.

Une fois rentrée au siège, Julie analyse soigneusement toutes les données qu'elle a recueillies, ainsi que ses impressions. Elle rédige son rapport d'enquête de satisfaction, et prépare une présentation détaillée qu'elle doit faire en comité de direction après-vente (avant que ce dernier valide le plan d'actions qu'elle préconise).

Confiante dans sa capacité à convaincre des instances de ce type et dans la qualité de son travail, elle n'a qu'une préoccupation : la personnalité du nouveau directeur après-vente, qui vient d'être nommé. En effet, elle ne l'a pas encore rencontré, et la rumeur dit qu'il est l'archétype du parfait technocrate, « aussi sentimental qu'un ordinateur ».

Le jour « J » arrive : Julie passe en deuxième position, derrière le contrôleur de gestion qui expose les conclusions d'un audit. Cela lui laisse le temps d'observer le nouveau responsable, qui a l'art de poser des questions désagréables au moment où l'on s'y attend le moins. Vient alors son tour de parler. Avec un peu d'émotion vite contrôlée, elle rentre dans son sujet, qu'elle maîtrise pleinement. Après un rappel des enjeux du projet et de la manière dont il a été conduit (dans les délais, en ayant respecté le cahier des charges et le budget imparti), elle présente les objectifs de l'enquête d'opinion et explique le processus adopté, avant de développer son analyse, ses conclusions et les actions recommandées.

Elle ne va pas plus loin, car le directeur l'interrompt : « Je ne comprends pas pourquoi vous avez gaspillé votre temps et celui des acteurs après-vente locaux. Ce qui m'intéresse, c'est le point de vue des clients, pas celui de la succursale. Revenez sous huit jours avec une proposition d'enquête de satisfaction des clients plus professionnelle, et ne vous dispersez plus ! »

___ Les questions-clés _____

Julie a procédé avec méthode pour recueillir des informations qu'elle croyait pertinentes, mais elle s'est malheureusement trompée de cible... Elle aurait pu se poser trois questions simples avant de lancer son enquête d'opinion :

?   Quel est le meilleur moyen d'enquêter auprès des utilisateurs ?

?   Comment identifier les axes d'amélioration ?

?   Comment fournir un retour d'information à valeur ajoutée aux utilisateurs ?

L'enquête d'opinion auprès des utilisateurs

À la fin de tout projet, il est souhaitable – sinon indispensable – d'interroger les utilisateurs pour apprécier leur niveau de satisfaction (le service perçu) et le travail réalisé par l'équipe projet (le service rendu). C'est le rôle du chef de projet, à moins que vous ne confiiez cette mission à un membre de l'équipe ou à un consultant externe (à défaut de ressource disponible).

Comment s'y prendre lorsqu'on n'est pas un professionnel du domaine ?

Première phase : la préparation

Une fois de plus, la préparation est la clé du succès. Il convient tout d'abord de délimiter son sujet. Que faut-il mesurer ? Les indicateurs choisis sont-ils pertinents ? Quelles sont les consignes du sponsor du projet dont il faut tenir compte ?

Une fois ces points précisés, respectez la démarche suivante en prenant tout le temps nécessaire à chaque étape :

- choisissez les thèmes de l'enquête (par exemple, l'assistance de l'équipe projet, la communication, la formation, le support des utilisateurs après le démarrage). Cela vous permettra de poser ensuite les questions les plus intéressantes ;

- définissez la population de l'enquête, en précisant tout d'abord les critères à retenir en termes de métier, de lieu et de type de responsabilité. Tenez-vous prêt à expliquer les raisons de votre choix ;

- estimez le nombre de personnes qu'il faudra interroger pour obtenir des résultats significatifs. Dans la pratique, pour des projets de moyenne durée (un an) et une population d'environ 200 utilisateurs, on dispose d'un échantillon représentatif si l'on a un taux de retour de 30 à 40 % ;

- précisez, le cas échéant, en quelles langues l'enquête doit être rédigée, si vous vous trouvez dans un contexte international.

Deuxième phase : le questionnaire

Pour chacun des trois à cinq thèmes retenus, identifiez trois questions le « cernant » correctement. Formulez clairement ces questions pour qu'elles ne puissent prêter à équivoque, et vérifiez qu'elles ont toutes une utilité par rapport à la finalité de l'enquête d'opinion.

L'exemple suivant est donné à titre d'illustration.

Thème	Question : quelle est votre évaluation
L'assistance de l'équipe projet	de l'assistance de l'équipe projet au démarrage de la résolution des problèmes en cas d'incident du support téléphonique aux utilisateurs
L'accompagnement du changement	de la communication du projet via le bulletin de la formation reçue de la documentation utilisateur
Les bénéfices retirés par les utilisateurs	des améliorations constatées dans votre métier de l'échange de bonnes pratiques avec vos collègues du renforcement des communautés « métier »
Le support du management	de l'implication de la direction générale du support des relais managériaux locaux des ressources mises à disposition localement

Troisième phase : la réalisation

La réalisation de l'enquête s'effectue *via* un format électronique avec un fichier joint d'une page (voir un exemple de présentation en fin de pratique). L'envoi du message doit être précédé d'un communiqué général dans le bulletin de projet et d'une information plus spécifique fournie directement par le management ou par les utilisateurs-clés locaux.

Pour un échantillon raisonnable et bien choisi, comptez sur un taux de retour de 60 %, pour autant qu'un système de relance des personnes interrogées s'appuyant sur des relais locaux soit mis en place.

Les axes d'amélioration

Lorsque vous serez en possession du tiers des questionnaires remplis, procédez de la manière suivante.

L'évaluation quantitative

Le regroupement par question des appréciations « ++ » et « + » d'une part, « – » et « – – » d'autre part fournit un premier classement en pourcentage, par ordre décroissant de satisfaction.

Les éléments pour lesquels la somme des pourcentages « – » et « – – » est égale ou supérieure à 50 % sont les plus critiques. Il est vraisemblable que ce taux d'insatisfaction variera peu lorsque les questionnaires reçus par la suite seront pris en compte. Vous pouvez donc analyser ces résultats à la lumière des commentaires exprimés (les sujets d'insatisfaction).

En revanche, les éléments pour lesquels la somme des pourcentages « – » et « – – » est égale ou supérieure à 30 % (mais inférieure à 50 %) ne peuvent pas encore être identifiés comme critiques à ce stade. Attendez la consolidation avant d'en tirer des conclusions.

L'évaluation qualitative

Créez tout d'abord un référentiel des commentaires en utilisant la fonction copier-coller de votre logiciel de traitement de texte. Une fois les commentaires intégrés dans le fichier, regroupez-les après une première lecture en un petit nombre de rubriques (trois à cinq au maximum), de manière à faciliter la restitution aux utilisateurs et au management concerné. Ces rubriques doivent être identiques dans la restitution des sujets de satisfaction et d'insatisfaction. À titre d'exemple, vous pouvez regrouper les commentaires en trois thèmes :

- le résultat du projet (nouvelle organisation, nouveau système technique, nouveau progiciel…) ;
- les acteurs impliqués tout au long du projet (management, utilisateurs-clés, équipe projet…) ;

- la mise en œuvre proprement dite du projet (respect du cahier des charges, coût, délais, pilotage des risques…).

La consolidation

Lorsque vous serez en possession des derniers questionnaires (après relance), procédez à la consolidation des différentes questions posées, sur les plans quantitatif (les pourcentages de satisfaction et d'insatisfaction) et qualitatif (les commentaires).

Vous obtiendrez alors une vue d'ensemble qui vous permettra d'identifier clairement les problèmes rencontrés et les axes d'amélioration à adopter :

- dans la prolongation du projet, par le biais du processus d'amélioration continue mis en place *via* le club d'utilisateurs ;

- lors de futurs projets, pour utiliser au mieux ce retour d'expérience et éviter de commettre les mêmes erreurs dans des contextes voisins.

Communiquer les résultats de l'enquête d'opinion

Il ne reste plus qu'à définir le plan d'actions pour les points identifiés comme critiques, à mettre en forme les résultats et à les restituer aux cibles de communication concernées, en utilisant des moyens adaptés à chaque cible. Souvenez-vous que l'efficacité d'un plan d'actions est inversement proportionnelle au nombre d'actions prévues : plus on en met, moins on en fait !

À qui ?

Transmettez tout d'abord les résultats de l'enquête d'opinion au sponsor et à l'équipe projet (dont les utilisateurs clés), pour recueillir leurs avis et valider ou enrichir les conclusions et le plan d'actions. Vous les fournirez ensuite au comité de pilotage, puis enfin à tous les utilisateurs et managers concernés.

Sous quelle forme ?

Pour des présentations orales avec débat en petit groupe (sponsor et équipe projet, comité de pilotage, management ou équipes spécifiques à la demande), utilisez de manière classique un ordinateur couplé à un vidéoprojecteur. En complément, fournissez aux participants un document de trois pages reprenant les résultats quantitatifs (en première page), les commentaires et suggestions classés par thème (deuxième page), ainsi que les actions proposées par l'équipe projet et approuvées par le sponsor (troisième page).

En ce qui concerne les utilisateurs finaux, tirez profit du dernier bulletin de projet, qui peut être présenté de la manière suivante :

- en première page, l'éditorial signé par le sponsor sur le thème « Deux ans déjà… l'heure du bilan », puis les résultats quantitatifs de l'enquête d'opinion, classés par ordre décroissant de satisfaction ;

- en deuxième page, des extraits des commentaires et suggestions classés par thème à l'intérieur de deux rubriques (sujets de satisfaction et sujets d'insatisfaction). Leur authenticité est une garantie de crédibilité ;

- en troisième et quatrième pages, le bilan des utilisateurs, avec les interviews des principaux managers concernés. Le bulletin peut s'achever par une conclusion, que vous signerez, comportant l'annonce du programme d'amélioration continue et les principales actions prévues.

Quand ?

Dès que vous possédez un nombre suffisant de questionnaires remplis (soit environ 60 %) et qu'ils n'arrivent plus qu'au compte-gouttes, mettez en forme les résultats et organisez une première réunion d'évaluation avec le sponsor et l'équipe projet.

Après enrichissement, c'est au tour du comité de pilotage de prendre connaissance des résultats et du plan d'actions recommandé. Avec son feu vert, vous procéderez alors à la diffusion générale aux utilisateurs *via* le bulletin de projet.

Les leçons de l'expérience

À l'issue de tout projet, il est nécessaire de connaître les sujets de satisfaction et d'insatisfaction – toujours présents hélas ! – des utilisateurs finaux, pour établir un plan d'actions afin de remédier aux dysfonctionnements rencontrés.

Il appartient au chef de projet et à son équipe de préparer un questionnaire de satisfaction simple et pertinent, de le valider avec le sponsor du projet, puis de conduire l'enquête de manière professionnelle. Les résultats seront ensuite analysés méthodiquement puis présentés aux utilisateurs finaux *via* le bulletin de projet.

Trois écueils à éviter

Se contenter d'une enquête téléphonique auprès d'un petit nombre d'utilisateurs

Il est nécessaire d'obtenir une vision quantitative pour apprécier la situation et convaincre les décideurs du bien-fondé des actions recommandées.

Poser des questions inductives (la formulation de l'énoncé induit la réponse)

Les résultats risquent d'être biaisés. Les thèmes étant souvent les mêmes dans la majorité des projets, inspirez-vous des exemples proposés dans cette pratique.

Prendre en compte la quasi-totalité des commentaires favorables et seulement deux à trois commentaires négatifs

Vous devez restituer tous les types d'expression, même si certains sont outranciers. Il y va de votre crédibilité et de celle de l'enquête.

Trois conseils à méditer

Simplifiez au maximum le contenu de l'enquête : le mieux est l'ennemi du bien !

Trois thèmes déclinés en douze questions suffisent à mesurer la satisfaction des utilisateurs finaux à l'issue d'un projet.

Ne refusez pas de voir la réalité en niant les problèmes exprimés par les utilisateurs

La finalité d'une enquête d'opinion est d'identifier les points positifs (il y en a toujours) mais aussi les éléments à améliorer. Il n'existe pas de projet parfaitement réalisé !

Communiquez largement sur les résultats de l'enquête d'opinion

Ne vous contentez pas d'une information descendante du management : communiquez directement *via* le bulletin de projet. Ce sera toujours apprécié, même si on ne vous le dit pas.

Enquête d'opinion utilisateur

Merci de bien vouloir prendre quelques minutes pour répondre à ce questionnaire.

Comment évaluez-vous les points suivants ?	+ +	+	-	- -
L'assistance de l'équipe projet au moment du démarrage				
L'assistance et le dépannage par l'équipe projet au cours du projet				
Les améliorations constatées dans votre métier				
La communication du projet via le bulletin périodique				
L'amélioration des échanges avec vos collègues des autres métiers sur le même site				
La formation des utilisateurs				
La communication par d'autres moyens (médias d'entreprise, réunions…)				
La documentation utilisateur				
L'amélioration des échanges avec vos homologues sur d'autres sites				
Le club d'utilisateurs				
L'implication des relais locaux				

Ce que vous avez le plus apprécié :

....

....

....

Ce que vous avez le moins apprécié :

....

....

....

Vos idées et suggestions d'amélioration :

....

....

....

Merci de bien vouloir renvoyer ce questionnaire complété à contact@societe.com.

Tirer profit de l'expérience

La recette du dernier site a été prononcée sans aucune réserve, et l'équipe est sur le point d'être dissoute, chacun de ses membres repartant vers des horizons différents. Le projet est terminé, ce fut une belle aventure ! Même si elle a vécu des moments difficiles, l'équipe projet en ressort satisfaite, car elle a su trouver, à chaque problème rencontré, sinon la bonne solution, du moins une parade permettant de le contourner avant de le résoudre. Il est temps maintenant d'organiser le dernier comité de pilotage au cours duquel sera présenté le bilan d'ensemble du projet, et où l'on prononcera sa clôture.

Histoire vécue

À trente-huit ans, Muriel est responsable de l'animation du réseau de franchisés d'une importante menuiserie industrielle des Landes. L'entreprise a lancé avec succès un nouveau concept de mobilier et d'agencement de cuisine, d'abord en France puis en Europe (dans les pays de l'Est en priorité, très demandeurs dans ce domaine).

La société est plus que centenaire. Fondée au début du siècle dernier par un propriétaire forestier exploitant un domaine familial de 750 ha de pins, sa vocation première était de débiter en planches les arbres abattus pour alimenter les menuiseries de la région, ce bois étant très apprécié pour fabriquer placards et meubles rustiques.

Au fil du temps, gérée de manière très efficace, l'entreprise a grandi sans à-coups, passant d'un rayonnement régional à un rayonnement national, tout en conservant son métier d'origine. Elle s'est ensuite diversifiée dans la fabrication de meubles et de placards, d'abord pour les rayons spécialisés des grandes surfaces, puis pour les chaînes de mobilier et de bricolage.

Le mérite de ce succès revient aux trois petits-fils du fondateur (Pierre, Louis et Michel), qui conjuguent des talents complémentaires. L'aîné, Pierre, est le financier : il dirige l'entreprise. Louis, le cadet, est menuisier de formation : il est responsable des études et de la fabrication. Michel, le benjamin, est responsable commercial. Les trois frères s'entendent bien et prennent toutes les décisions majeures à l'unanimité. L'exécution de ces décisions est ensuite menée rapidement, sans dévier de l'objectif défini. Le trio est ainsi surnommé « PLM » (pour Paris Lyon Marseille, du nom de la ligne de chemin de fer) par ses équipes.

La fabrication de meubles puis de placards s'est avérée payante. Cependant, il faut aller plus loin. Comment se diversifier tout en préservant l'activité actuelle qui est très rentable ?

La réponse est trouvée lors d'une session de créativité animée par un consultant externe. Cette séance regroupe le trio PLM, Muriel (qui était chargée à l'époque du marketing et de la communication), deux commerciaux (le responsable des grandes enseignes et celui des magasins spécialisés), un ingénieur de fabrication et la responsable de la facturation.

Le résultat dépasse toutes les attentes : cent soixante idées sont produites, quinze d'entre elles sont documentées sous forme de fiches détaillées et trois sont finalement retenues pour un complément d'étude, réalisé par des experts externes à l'entreprise. À l'issue de ce processus, le comité de direction décide de mettre en œuvre les actions suivantes.

Phase 1 : développer un nouveau concept de cuisine intégrée « clé en mains »

Ce concept s'appuiera sur un nombre limité de modules standardisés en pin traité. Il privilégiera la simplicité (pas de gadgets coûteux et inutiles), la sobriété (bois plein naturel ou teinté) et l'économie (le forfait inclut l'installation chez le client, facturée au plus juste).

Phase 2 : lancer le concept par deux canaux simultanés, le site marchand et les boutiques

Le site marchand proposera un catalogue complet des différents éléments. L'internaute aura la possibilité d'entrer les cotes de sa cuisine et de positionner lui-même les éléments aux dimensions requises, avec une vue en trois dimensions. La commande pourra être passée en ligne, le paiement étant effectué lors de la visite de confirmation sur site. La livraison et l'installation seront garanties sous 30 jours à compter du paiement ; le service après-vente sera gratuit pendant un an après l'installation.

Quant aux boutiques, l'offre sera disponible dans trois emplacements en centre-ville à Bordeaux, Toulouse et Paris. Trois cuisines de référence seront proposées (elles pourront être personnalisées sur ordinateur par connexion au site marchand). Les totems, présentoirs pour catalogues et devantures seront en pin naturel traité.

Une campagne de communication nationale concernant à la fois le site marchand et les boutiques est prévue.

Phase 3 : développer un réseau de franchisés en France puis en Europe

Cette phase se déroulera en trois étapes.

La première étape aura pour objectif de définir la franchise de référence : design de la boutique (en s'appuyant sur le retour d'expérience des trois boutiques pilotes), profil recommandé pour le responsable, droit d'entrée, niveau des royalties, règles de fonctionnement du réseau et obligations respectives du franchiseur et des franchisés.

La deuxième étape consistera à recruter et à mettre en place un réseau d'une trentaine de franchisés en France, dans les villes les plus importantes.

La troisième étape consistera à recruter et à mettre en place un réseau de franchisés européens, en commençant par les pays d'Europe de l'Est, demandeurs de ce type d'offre et encore peu couverts par la concurrence.

Cette session de créativité est une révélation, à la fois pour Muriel et pour l'équipe de direction. Muriel, passionnée par la démarche, est à l'origine de l'idée retenue, qui fut ensuite enrichie par le groupe pour aboutir à la décision de diversification. Autant dire que, ce jour-là, elle gagne ses galons de chef de projet pour les deux dernières phases.

Le projet global est mené tambour battant. La première phase est terminée au bout de six mois, à l'instigation de Louis. Muriel, en parallèle, lance la deuxième phase : elle définit les spécifications fonctionnelles du site marchand (dont la réalisation est sous-traitée) et le design des boutiques. Elle se met aussi à rechercher des emplacements pertinents à Bordeaux, Toulouse et Paris.

Au bout des deux années prévues, la deuxième phase est finie, à la satisfaction de tous. Muriel se lance alors avec enthousiasme dans la dernière phase, de loin pour elle la plus passionnante. Le projet est visible pour la première fois dans l'un des salons de franchise les plus prestigieux avec un stand conséquent (cet événement réunit pendant deux jours plus de 100 enseignes et plus de 2 500 candidats à la recherche d'opportunités). Deux ans plus tard, la cible de trente franchisés est atteinte. Il ne reste plus à Muriel, pour parachever son œuvre, qu'à lancer le réseau européen.

Las ! Le sort en décide autrement. Le mari de Muriel est muté brusquement à Singapour, et elle doit interrompre son activité assez rapidement. Malheureusement, elle est tellement engagée dans l'action qu'elle n'a pas jugé utile de partager au fil du temps son savoir-faire, de manière formelle ou informelle. De plus, il n'y a personne pour la remplacer en interne. Elle s'efforce toutefois, avant son départ, de consigner le bilan du projet de manière aussi complète que possible, mais ne peut rien faire pour enrichir le patrimoine d'expérience, faute de candidat à qui le transmettre.

——— **Les questions-clés** ———————

Si Muriel a mené son projet de main de maître, elle a pourtant omis une étape essentielle : le partage de son expérience. Elle aurait dû s'interroger à l'issue de chacune des grandes phases du projet :

?   Comment procéder au bilan du projet ?
?   Comment restituer son expérience aux instances du projet ?
?   Comment organiser le transfert des compétences ?

L'heure du bilan

Lorsqu'un projet se termine, il est crucial de prévoir un temps suffisant de réflexion avec l'équipe projet pour établir en commun le bilan de la réalisation, en s'appuyant sur l'expérience de chacun et sur les résultats de l'enquête d'opinion. L'idéal est d'y consacrer une journée (que vous animerez), si possible dans un cadre agréable. À titre d'illustration, le déroulement de ce moment de partage et de réflexion peut être le suivant.

Programme de la matinée :
analyse exhaustive du déroulement du projet

Commencez par définir les objectifs de la journée, ses modalités et les résultats attendus. Rappelez l'importance de faire un tel bilan avant de se séparer et l'utilisation qui sera faite des résultats.

Lors d'une séquence dite « de purge », demandez à chacun des participants d'écrire sur une feuille de papier les points ressentis comme positifs et négatifs durant le projet. Effectuez ensuite un tour de table en notant les expressions et en regroupant toutes les propositions identiques ou voisines, pour identifier les convergences.

Enfin, lors d'une séquence d'analyse, passez en revue de manière méthodique tous les points à étudier, selon une grille de référence pré-établie. En voici un exemple.

Point étudié	+	–	Pourquoi ?
Évaluation des risques			
Choix des sous-traitants			
Organisation du projet			
Spécifications générales			
Spécifications détaillées			
Développement et recette définitive			
Tests			
Validation et recette du pilote			
Déploiement			
Communication			
Formation			
Pilotage (des risques et du projet)			
Respect des fonctionnalités			
Respect des délais			
Respect des coûts			
Qualité d'ensemble			
Implication des acteurs du projet			
Enquête d'opinion			
Fonctionnement de l'équipe projet			
Autres : ...			

Programme de l'après-midi : bilan, leçons de l'expérience et plan d'actions

Lors d'une séquence de consolidation, identifiez en les synthétisant les points forts et les points faibles du projet. Classez-les par ordre décroissant d'importance, en essayant de positiver (plus de points forts que de points faibles en général) et d'intégrer des aspects quantitatifs (jours de dépassement, coût supplémentaire...).

Recensez ensuite les difficultés rencontrées, leurs causes objectives, les solutions mises en œuvre pour y faire face, le résultat obtenu et les conclusions à en tirer pour des projets similaires. Mettez alors ce bilan en forme et faites-le valider par le groupe.

Enfin, finalisez le plan d'actions : communiquer sur le risque au sein d'un projet, réunir les chefs de projet débutants pour leur faire partager l'expérience, bâtir un référentiel des risques...

Communiquer le bilan

Au sponsor

Une fois le bilan défini et mis en forme avec l'accord de tous, il convient, dans un premier temps, de le présenter au sponsor pour qu'il procède si besoin à des ajustements. L'objectif est de lui fournir un premier aperçu du bilan afin de s'assurer de son adhésion quant à l'analyse réalisée et au plan d'actions recommandé. Vous pourrez ensuite soumettre le bilan au comité de pilotage pour validation définitive. Il s'agit donc plus à ce stade de travailler sur la forme que sur le fond, sauf cas particulier.

Au comité de pilotage

Une fois validé par le sponsor, le bilan sera présenté de manière formelle au comité de pilotage, qui doit alors se prononcer sur la clôture définitive du projet à l'issue des débats. Pour ce dernier comité de pilotage, les recommandations sont les suivantes :

* prévoyez une matinée (de 9 h 30 à 12 h 30) ;
* faites participer toute l'équipe projet à l'intégralité de la séance ;

- essayez autant que faire se peut de coupler la présentation des résultats de l'enquête d'opinion et celle du bilan de projet, pour optimiser le temps des participants ;
- profitez de l'occasion pour mettre en valeur les contributions marquantes, en particulier celles des utilisateurs-clés ;
- terminez la séance par un cocktail ou un repas réunissant tout le monde, pour clore le projet sur une note festive (vous aurez bien entendu négocié au préalable à ce propos un budget spécifique avec le sponsor).

Au club d'utilisateurs

Ayez soin de planifier une réunion avec le club d'utilisateurs en même temps que le dernier comité de pilotage. Idéalement, elle doit avoir lieu une semaine au plus tard après la clôture officielle du projet. Pour cette dernière réunion du club d'utilisateurs dans sa version « projet », les recommandations sont les suivantes :

- prévoyez une matinée (de 9 h 30 à 12 h 30) ;
- faites participer certains utilisateurs-clés à l'intégralité de la séance ;
- couplez impérativement la présentation des résultats de l'enquête d'opinion et celle du bilan de projet ;
- après les deux présentations et les débats associés, faites définir et formaliser le plan d'amélioration continue ;
- identifiez les participants du club d'utilisateurs pressentis pour faire partie du processus d'amélioration continue ;
- ici aussi, tâchez de conclure par un événement un peu festif.

Le transfert des compétences

Voici la partie la plus difficile à mettre en œuvre ! En effet, l'équipe projet est dissoute, et peut-être êtes-vous déjà reparti sur un autre projet, avant même que le dernier comité de pilotage ne se soit réuni. La pénurie chronique de bons chefs de projet fait qu'ils sont rarement disponibles pour organiser le transfert des compétences une fois le projet terminé.

Comment assurer un « service minimum » dans ce domaine ? L'idéal est de pouvoir conjuguer les trois moyens suivants.

La base de connaissances

Deux situations sont possibles : soit une base de connaissances existe dans l'entreprise, soit elle est à créer.

Si une base de connaissances existe dans l'organisation, vous êtes dans le cas de figure idéal, que cette base comporte déjà ou non une rubrique projets. Si elle comporte cette rubrique, les données seront rentrées par l'administrateur du système : vous les lui fournirez en respectant le format défini et l'indexation par mots-clés. Si cette rubrique est inexistante, il faudra créer la structure du référentiel et le dictionnaire des mots-clés, ce qui prend plus de temps. Essayez alors de vous faire aider par un ou deux collègues chefs de projet de bonne volonté. Vous pouvez aussi vous appuyer sur l'expérience de responsables d'autres domaines ayant déjà constitué leur base de connaissances.

S'il n'existe pas de base de connaissances dans l'entreprise, vous pouvez suggérer à la direction des systèmes d'information d'en créer une. Cette direction a tout intérêt à capitaliser l'expérience de ses propres projets – toujours nombreux, mais pas toujours à l'heure (même si ce n'est pas forcément de son fait !). Une autre solution consiste à solliciter la direction des ressources humaines pour qu'elle accepte d'être le sponsor du projet... qui sera alors confié pour réalisation à la direction des systèmes d'information.

La réunion de retour d'expérience

L'objectif poursuivi est de faire part de l'expérience de l'équipe projet à un groupe de chefs de projet de l'entreprise, débutants ou confirmés, en insistant naturellement sur les difficultés rencontrées et les solutions mises en place pour y faire face.

Cette réunion peut être organisée soit par votre manager, à l'intention de ses collègues de la même direction, soit par la direction des ressources humaines (dans le cadre de la formation permanente) à l'intention des chefs de projet des différentes directions.

Pour que cette réunion de partage entre pairs soit la plus efficace possible :

- obtenez un soutien sans équivoque du sponsor qui organise la réunion ;
- prévoyez une matinée entière (de 9 h 30 à 12 h 30), car on ne transfère pas de savoir-faire en une heure ;
- assurez-vous d'une audience suffisante (au minimum six à huit chefs de projet) ;
- limitez les présentations à une heure, pour favoriser l'appropriation des bonnes pratiques par un débat constructif (les participants eux-mêmes pourront faire part de leurs expériences similaires) ;
- remettez en fin de séance à chaque participant un document de synthèse préparé à l'avance, ainsi que la clé d'accès à la base de connaissances pour le projet présenté.

Les médias internes de l'entreprise

Ce type de communication est en principe la solution la plus facile et la moins « chronophage » pour vous, qui disposez de toute la matière sans avoir à rédiger l'article. En effet, c'est en général un membre de la direction de la communication (ou un journaliste externe) qui procède aux interviews (chef de projet, sponsor et/ou équipe) et rédige l'article à paraître, avant de vous le faire valider.

Les leçons de l'expérience

Tout projet doit impérativement se conclure par un bilan formel, présenté aux instances du projet (sponsor, comité de pilotage et club d'utilisateurs) et validé par elles. Il vous faut aussi organiser et réaliser un transfert d'expérience pour enrichir le patrimoine de connaissances de l'entreprise en matière de projets, *via* une base de connaissances, une réunion de transfert des compétences et un article dans les médias.

Trois écueils à éviter

Se contenter d'un document de retour d'expérience adressé aux principaux acteurs du projet
Cela ne suffit pas à partager réellement l'expérience de l'équipe projet, qui doit être présentée et débattue en groupe.

Organiser une réunion de bilan avec l'équipe projet de manière informelle
L'efficacité d'une telle réunion est douteuse : mieux vaut la préparer et structurer les débats.

Penser que les différentes instances du projet ont été trop sollicitées et qu'il est inutile de les réunir à cette occasion
Ce serait dommageable à la fois pour les instances elles-mêmes, pour vous et pour votre équipe qui sera très frustrée…

Trois conseils à méditer

Préparez soigneusement avec votre équipe le bilan du projet et le retour d'expérience
Il y va de votre crédibilité et de l'image de marque du projet vis-à-vis de toutes les instances concernées.

Pensez à partager votre expérience avec d'autres chefs de projet, qu'ils soient ou non débutants
Il existe une communauté d'intérêts entre les chefs de projet de toute nature, vous renforcerez vos liens avec eux en leur faisant part de votre vécu.

Communiquez largement sur les résultats du projet
Avec votre équipe, vous avez « souffert » pendant plusieurs mois, il est temps que vous soyez à l'honneur !

Bilan de projet

Demandeur :	Nom et type du projet :	Date : ....

Rappel du projet	Objectifs : .... Date du démarrage : .... Date du bilan : .... Points-clés : ....
Évaluation qualitative	Points forts : .... Points faibles : ....
Difficultés rencontrées	Causes : .... Remèdes : ....
Leçons de l'expérience	....

Critères		Prévu	Réalisé	Écart
	Délai			
	Spécifications (expression des besoins)			
	Indicateurs client (fonction du client et du projet) :			
	indicateur n° 1			
	indicateur n° 2			
	indicateur n° 3			

En guise de synthèse

Pour un responsable (sponsor, chef de projet ou manager utilisateur), un projet est à la fois une aventure et un défi :

- une aventure, car le propre d'un projet est d'avoir tendance à « se déformer » dans le temps et dans l'espace ;
- un défi, car il faut obtenir l'adhésion des utilisateurs pour que le projet réussisse.

Savoir communiquer et convaincre dans un projet est donc impératif. Trois ingrédients sont nécessaires pour y parvenir.

Communiquer régulièrement tout au long du projet

Ayez soin de donner une identité au projet, pour faciliter son appropriation par les participants.

Commencez par communiquer avec modestie, lors du séminaire de lancement du projet.

Poursuivez régulièrement cette communication *via* le bulletin du projet.

Utiliser des relais pour démultiplier l'information

Mettez en place des « évangélistes » pour convaincre et des « relexperts » pour rassurer.

Appuyez-vous sur les managers concernés, porteurs du projet.

Utilisez la crédibilité des utilisateurs-clés, puis du club d'utilisateurs une fois mis en œuvre.

Capitaliser sur le retour d'expérience

Mesurez la satisfaction des utilisateurs en réalisant auprès d'eux une enquête d'opinion.

Procédez au bilan du projet avec l'équipe et le comité de pilotage.

Organisez le transfert des compétences pour enrichir le patrimoine d'expérience des projets.

Une fois ces informations en mains, donnez-vous des axes de progrès, définissez votre plan d'actions et mettez-le en œuvre.

Bon courage et bonne chance !

Votre plan de progrès

Thème		
Objectifs	Critères de mesures	Moyens associés

Bénéfices	Risques si objectifs non atteints

Action	Date	Comment ?

Bibliographie

ALBERT É., *Le manager durable*, Éditions d'Organisation, 2004.

AUTISSIER D., MOUTOT J.-M., *Pratiques de la conduite du changement*, Dunod, 2003.

CAYATTE R., *Bâtir une équipe performante et motivée*, Éditions d'Organisation, 2007.

CAYATTE R., RODACH G., *Les 12 travaux d'Hercule Martin manager*, Liaisons, 2006.

CAYATTE R., RODACH G., *Une vague à douze temps – Hercule Martin manager face au changement permanent*, Liaisons, 2007.

DES MESNARDS P.-H., *Réussir l'analyse des besoins*, Éditions d'Organisation, 2007.

DIRIDOLLOU B., *Manager son équipe au quotidien*, Éditions d'Organisation, 2007.

FERNANDEZ A., *Le chef de projet efficace*, Éditions d'Organisation, 2005.

MARCHAT H., *Le kit du chef de projet*, Éditions d'Organisation, 2007.

RODACH G., *Gérer son temps et ses priorités*, Éditions d'Organisation, 2007.